PAPIER
FRESSERCHEN
DIE BÜCHER MIT DEM DRACHEN
MTM-VERLAG

Impressum:

Besuchen Sie uns im Internet:
www.papierfresserchen.de

© 2016 – Papierfresserchens MTM-Verlag GbR
Mühlstr. 10, 88085 Langenargen
info@papierfresserchen.de
Alle Rechte vorbehalten.
Erstauflage 2016

Lektorat: Melanie Wittmann

In der vorliegenden Ausgabe wird zwecks sprachlicher Vereinfachung
vor allem die männliche Sprachform verwendet.

Bilder, Skizzen und Grafiken: Walter Bühler-Schilling
Herstellung: CAT creativ - www.cat-creativ.at

Gedruckt in der EU
ISBN: 978-3-86196-587-9 – Taschenbuch

Handballtraining für Kinder

Trainingseinheiten, Erfahrungsberichte
und Hilfen für die Praxis in der
E- und D-Jugend mit Ausblick zur C-Jugend

Walter Bühler-Schilling

„*Lache nie über die Dummheit anderer,
sie ist deine Chance!*"

Winston Churchill

**Gewidmet meiner Familie:
Doris, Maria, Ulli, Lena und Toni**

*Mein besonderer Dank gilt
Walter Bärtschi,
Klaus Hepting,
Dragomir Kraljevic,
Olaf Egenhofer sowie
den vielen anderen Kollegen
und Handballern vom
TSV Altensteig,
TSV Dettingen/Wallhausen,
HSG Konstanz und
HSC Kreuzlingen (CH).*

Inhaltsverzeichnis

Einleitung

Dies ist ein Buch für Jugendtrainer, das aus mancher Klemme helfen soll. Wir alle kennen folgende Situation: Um 16.30 Uhr Arbeitsende, schnell zur Halle gefahren, um 17.00 Uhr stehen 16 lebhafte Kinder vor dir und du weißt nicht, was du trainieren sollst. Ein Blick in dieses Buch während der Mittagspause oder am Abend vorher bringt die Lösung für solche Probleme.

Oder du suchst Antworten auf bestimmte sportliche Defizite, das heißt konkrete praktische Trainingseinheiten zum Verbessern der spielerischen Situation deiner Jugendmannschaft. Hier sind sie zu finden.

Als Trainer stehst du manchmal unvermittelt vor neuen, schwierigen Situationen. Oder du willst als Anfänger nicht gleich hilflos dastehen. Ich habe einige Einsichten darüber aufgeschrieben, in welche Fallen ich in

meinem langen Trainerleben schon getappt bin. Und warum sollen gemachte Erfahrungen verloren gehen, warum soll man als Einsteiger und Anfänger alle möglichen Fehler noch einmal machen? Auch darüber will ich hier ausführlich berichten.

Außerdem möchte ich aufmerksam machen auf pädagogische Probleme und soziale Themen sowie Hilfe zu ihrer Lösung bieten.

Dies alles soll durch dieses Buch leichter werden.

Walter Bühler-Schilling
Januar 2016

Im Sport ist man per Du und dies sollte auch so bleiben. Trotz aller Präsidenten, Sponsoren, VIPs und so weiter, ich hoffe, du verstehst, was ich meine. Die anderen Mannschaften sind in erster Linie nicht die „Gegner", sondern zuerst einmal die „Sportkameraden", die ich brauche, um überhaupt spielen zu können. Das sollte man trotz der Alltagsrivalität nie vergessen. Und unter Kameraden duzt man sich bekanntlich.

Warum bin ich Trainer?

Wenn man eine bestimmte Aufgabe übernehmen soll, stellt sich für jeden eine grundsätzliche Frage, worüber man zuerst Klarheit gewinnen sollte: „Warum tue ich mir dies an?" Hier also: „Warum will ich Trainer sein?" Und weiter: „Woraus ziehe ich meine Motivation? Was ist mein Fundament?" Darauf jetzt einige Antworten, die ich für mich gefunden habe.

Ausgerechnet Handball

Unsere Sportart ist faszinierend. Handball ist ein kompliziertes Spiel und seine Schönheit resultiert aus den besonders vielen Möglichkeiten. Schnelle Szenenwechsel, viele Tore, (zu)packende Abwehrszenen, artistische Torwartparaden, ein funktionierendes Kollektivverhalten und kreatives Einzelspiel, einfach wunderschön! Ich bin schon lange dabei – so etwa 40 Jahre – und dennoch: Immer wieder sehe ich neue Szenen, die ich noch nie vorher gesehen habe.

Und ich gestehe: Deswegen liebe ich Handball.

Noch eine Anmerkung zur Darstellungsweise: In die Ästhetik beim Handball fließen Elemente der Athletik, aber auch des Balletts und Theaters ein. Wandert der Ball über mehrere Stationen und werden Laufwege bei Spielzügen choreografisch erfolgreich durchgeführt, bis schließlich am Ende des Weges der Torwurf die Spannung auf die dramatische Spitze treibt und das Spiel einen weiteren Schritt auf die Tragödie oder den Triumph zusteuert, belohnen die Zuschauer dies mit besonders lebhaftem Empfinden, während der einfache Hauruck-Torwurf das nicht zu leisten vermag. Dabei steckt in vielen athletischen Einzelleistungen mit erstaunlicher Körperbeherrschung durchaus schon wunderbare Schönheit.

Wer diese Sportart kennengelernt hat, wird sie gernhaben. Deswegen begegnet man immer wieder Sportlern und Sportlerinnen, die früher selbst gespielt haben und nun ihre Kinder ins Handballtraining schicken. Diese Zuneigung von Generation zu Generation hängt sicherlich mit der

Schönheit und Vielfältigkeit dieses Sports zusammen. Natürlich gibt es ein solches Phänomen auch in anderen Sportarten, aber die vielen „Handballfamilien" sind schon erstaunlich. Und in der heutigen schnelllebigen Zeit mit ihren rastlos wechselnden Moden tut es gut, wenn ein Sport seine Eigenart bewahren kann.

Viele Mütter und Väter entschließen sich, wenn ihr Kind ins handballfähige Alter kommt, ihren Sprössling selbst zu trainieren. Ist es doch eine großartige Aufgabe, ihm etwas Sportliches und etwas so Schönes wie Handball beizubringen!

Langer Weg

Warum engagieren wir uns als Trainer? Mir selbst fällt die Antwort leicht: weil Handball eine enorme geistige Herausforderung ist, bis man ein guter Trainer ist. Das wird ein langer Weg sein, aber das Ausbilden der Spieler, die man begleitet, ist auch ein langer Weg.

Selten ist das Handballtrainerdasein körperlich anstrengend – wenn man nicht will! Ich darf, aber muss nicht vorneweg rennen. Frei nach der Devise „Ich lasse laufen!" kann man sich auf Demonstrationen beschränken. Beim Wettkampf sprinten ja auch nicht die Trainer, sondern die Spieler auf dem Spielfeld herum. Kraftstrotzende Idole aus der 1. Mannschaft als Jugendtrainer werden zwar angehimmelt, besitzen aber meistens nicht das, worauf es im Jugendtrainerdasein ankommt: entsprechende Erfahrung und Wissen, was genau in dieser Altersklasse zu trainieren ist. Dies wird jedoch immer übersehen.

Die Entwicklung zu einem komplett ausgebildeten Spieler braucht ihre Zeit. Als Faustregel kann man sagen, dass es etwa zwei bis drei Jahre dauert, bis ein Seiteneinsteiger richtig mitspielen kann. Also fängt man lieber im Alter von acht Jahren an und tut sein Bestes, bis der Jugendliche 21 Jahre alt und die individuelle Ausbildung so gut wie abgeschlossen ist. Einen Handballspieler auszubilden dauert damit länger als der Besuch der Schule bis zum Abitur. Daran sieht man deutlich, dass der Trainer in so vielen Jahren einiges rüberbringen muss. Und das ist zweifellos eine Herausforderung.

Spieler heranzüchten?

Oft wird von ehrgeizigen Vorsitzenden das Ziel ausgegeben, die Handballabteilung endlich voranzubringen und die „Erste" mithilfe eines Fünf-Jahres-Planes nach oben zu katapultieren. Entsprechend soll die Jugendarbeit aufgerüstet werden. Das kann man mit einem großen Aufwand an personellen und finanziellen Mitteln auch tatsächlich schaffen. Ich habe es am eigenen Leibe erlebt, wie ein rumänischer Profitrainer eingestellt wurde, der die erste Herrenmannschaft und vier Jugendmannschaften Tag für Tag trainierte. Der Weg führte bis in die Zweite Bundesliga, anschließend war der Verein erbärmlich verschuldet und schlitterte nur knapp an der Insolvenz vorbei. Erfolge waren für den Profitrainer Pflicht, denn nur so konnte er seine Anstellung rechtfertigen. Entsprechend groß war der Verschleiß an Jugendspielern, die als Sportinvaliden oder mittelmäßige Spieler auf der Strecke blieben.

Immerhin sprangen bei dem enormen Trainingsaufwand zahlreiche Meisterschaften heraus. Allerdings war der Ertrag an Spielern, die den Sprung in die erste Mannschaft (Oberliga- / Regionalliganiveau) schafften, auch nicht größer als vorher. Der Verein brachte nicht die Geduld auf, Jugendspieler als junge Erwachsene noch weiter über drei oder vier Jahre, bis sie von der Spielstärke und Erfahrung her in der Lage gewesen wären, in der „Ersten" als Stammspieler (und nicht als Ergänzungsspieler, sprich: Ballast) mitzuwirken.

Nach meiner Erfahrung kann man sich als Jugendtrainer glücklich schätzen, wenn man aus zwei Jahrgängen einen Spieler für die erste Mannschaft „heranzüchtet". Man spricht von einer „goldenen Generation", wenn dies sogar einmal 4 oder 5 Spieler zugleich schaffen. Ansonsten versickern die vielen ausgebildeten Jugendspieler/-innen im sportlichen Nirgendwo zwischen Beruf und Familie.

Daher kannst du zwar nach Jahrzehnten auf das Spielfeld hinunterblicken und deinem Sitznachbarn stolz verkünden: „Den da habe ich einmal in der E-Jugend trainiert!" Tatsächlich wirst du diese Erfahrung allerdings nicht so oft machen. Eine Motivation zum Jugendtrainer kann man aus einer solchen Aufgabenstellung nicht schöpfen. Oder du wirst als hauptamtlicher Handballlehrer bezahlt, was den wenigsten Trainern gelingen dürfte. Aber es gibt noch andere und viel schönere Gründe, Jugendtrainer/in zu werden ...

Siege, Niederlagen und Gefühle

Wenn ich der Kassiererin im Supermarkt um den Hals falle und lautstark losbrülle, holen mich umgehend mehrere stämmige Polizisten in einem wunderschönen Polizeiauto ab. Im Sport dagegen sind Gefühle erlaubt.

ZWEI BEISPIELE:

Ich fahre mit meiner A-Jugend zu einem Auswärtsspiel. Der Gegner, in der Tabelle im unteren Mittelfeld platziert, erwischt einen Blitzstart und führt sogleich mit drei Toren. Meine Jungs erreichen keine Normalform. Immer wieder schleichen sich Fehler ein. Die gegnerische Mannschaft merkt, dass heute etwas für sie drin ist, und führt zur Halbzeit.
Nachher die gleiche Situation: Immer wieder legen die anderen ein Törchen vor und wir kämpfen verzweifelt gegen die drohende Niederlage. Endlich, fünf Minuten vor Schluss, fängt mein bester Spieler drei Pässe ab und trifft bei seinen Tempogegenstößen. Jetzt liegen wir mit einem Tor vorn.
In der Schlussminute greift der Gegner beharrlich an, doch 20 Sekunden vor Spielende geht sein Wurf nur an den Pfosten. Den Ball ruhig spielen und dann – ein Gefühl der Freude, des Glücks, der Zufriedenheit, das Spiel doch noch gewonnen zu haben, unbeschreiblich schön, wie eine Droge. Der Trainer und die Spieler – ein schreiender, jubelnder Pulk, sich in den Armen liegend, der gemeinsame Tanz auf der Spielfläche. Eine Situation voller positiver menschlicher Emotionen – genau deswegen lieben wir Handball.

Oder aber: Platzierungsturnier für die kommende Saison. Ich bin mit den Kleinen, der E-Jugend, unterwegs. Überraschend kommen wir ins Finale und treffen auf einen Gegner, der uns mit Manndeckung lahmzulegen versucht. Dreimal dribbelt mein Linksaußen sich durch. Der andere Trainer sieht seine Felle davonschwimmen und fordert lautstark Härte von seinen Spielern. Mein Linksaußen liegt darauf erst einmal weinend am Boden.

*Dann: Verlängerung! Nach 30 Sekunden die entscheidende Szene: Wieder
setzt der Linksaußen zum Tempogegenstoß an, sein Gegenspieler lässt ihn
über die Klinge – sprich: sein ausgestrecktes Bein – springen. Ein Sturz
und doppelter Überschlag den Rest der Verlängerung verbringe ich mit
meinem verletzten, schluchzenden Spieler beim Kühlen am Waschbecken
in der Umkleidekabine. Die Mannschaft verliert inzwischen mit zwei
Toren, doch das ist mir egal. Erste Hilfe und das Trösten des Kindes gehen
vor. Wir sind sauer auf den Gegner und den Schiedsrichter, einer tritt voller Zorn gegen die Kabinentür, der andere wirft seine Trinkflasche in die
Dusche, das Knie tut dem Kind furchtbar weh, alles schimpft und flucht,
die Eltern diskutieren erregt, erst langsam beruhigt sich alles und renkt
sich wieder ein – eine Situation voller negativer menschlicher Emotionen.*

Auch deswegen lieben wir Handball. Oder generell den Sport – wegen
der aufwühlenden Emotionen. Enttäuschung und Triumph und noch viel
mehr … Und deswegen macht mir das Trainerdasein auch so viel Spaß.

Das Image

Im Übrigen gibt es eine sogenannte, durch die Medien erzeugte „Öffent-
lichkeit", in der HANDBALL folgendermaßen geschildert wird:

*Handball galt als Sport für Bauerntölpel oder als brutale Freizeitbeschäf-
tigung für Grobmotoriker. Ein Sport, bei dem man hauptsächlich feste
werfen musste, und anscheinend wirft man besonders fest in der deutschen
Provinz – Bundesligamannschaften kommen aus Gummersbach, Lemgo,
Wallau-Massenheim, Minden. Handball ist das Spiel vom Dorf. Die anderen Spiele dort heißen Freiwillige Feuerwehr oder Kaninchenzüchten.
Dann kam Stefan Kretzschmar. Der Popstar des deutschen Handballs …*[1]

Der Rummel um die Erfolge der Nationalmannschaft sowie die Show der
Bundesligaspiele und ihrer Superstars erzeugen die strahlende Oberfläche
des Mediensports in der Freizeitindustrie und im Fernsehen. Dieses Bild
hat eigentlich gar nichts mit dem Alltag eines Jugendtrainers zu tun. Aber

1 Matthias Kalle, „Immer schön böse", in: „DIE ZEIT", Nr. 39 (16.09.2004), S. 68.
Kretzschmar beendete mit dem All-Star-Game am 5. Juni 2007 seine Handballkarriere.

dennoch gibt es dadurch Vorbilder, sie schaffen ein Leitbild und zeigen Karrieremöglichkeiten, lösen Sehnsüchte aus. Jeder möchte einmal ein Superstar sein. Und dann werden kommerzielle „Identifikationen" gekauft, die neuesten Schuhe, die schönsten T-Shirts – egal, was es kostet oder wie es aussieht. Diesen Glamour und dieses Staunen kann ich als Jugendtrainer zur Motivation benutzen. Ich kann es aber auch missbrauchen, indem ich zu große Illusionen nähre. Also trage ich ein Stück Verantwortung für meine Spieler, was ihre sportlichen Zukunftsmöglichkeiten angeht. Je älter die Jugendlichen werden, desto nüchterner sollten meine Ratschläge sein. Nur wenige können vom Handball später leben.

Und machen wir uns nichts vor: Immer noch finden einige Eltern Handball einfach „brutal". Man kann dann auf wirklich gewaltsame und rohe Sportarten wie Boxen oder Eishockey verweisen oder dass harte Attacken durch Zeitstrafen bzw. Rote Karten streng geahndet werden, aber das nützt manchmal wenig. Am ehesten hilft noch die Bemerkung: „Wenn es dem Kind zu hart ist, dann soll es das einfach sagen, dann macht es ja auch keinen Sinn, weiter Handball zu spielen."
Merkwürdigerweise macht aber dem Kleinen dieser angeblich so brutale Sport einfach nur Spaß. Sonderbar, aber wahr!

Fassen wir zusammen: Trainer sein bedeutet

- etwas auszuprobieren und dabei sein Wissen bzw. seine Erfahrung weiterzugeben;
- sich der Herausforderung der Kindererziehung zu stellen und Verantwortung zu übernehmen;
- dem Anspruch dieser komplizierten Sportart gerecht zu werden und selbst hinzuzulernen;
- viele verschiedenartige Gefühle ausleben zu dürfen, wie es sonst kaum möglich ist.

Wie werde ich ein erfolgreicher Trainer?

Nur einer kann Meister werden

Was sind meine Ziele? Immer gewinnen und Meister werden, ist doch klar! Aber wie?

Wenn ich gute Arbeit verrichten will, darf ich nicht herumwursteln, sondern muss mir klare Ziele stecken. Und die gilt es dann zu erreichen. Also ist Planung angesagt, und zwar maßgeschneiderte, angepasste Planung. Keine Angst, das ist gar nicht so viel Arbeit.

Wenn ich in einer bestimmten Altersstufe Meister werden will, muss ich meine Ziele den Fähigkeiten und körperlichen Möglichkeiten der Kinder anpassen. Ich kann von keinem Achtjährigen einen verzögerten Sprungwurf als Eckenaußen mit dem falschen Bein verlangen. Du darfst mir glauben: Es geht nicht. Ich habe es getestet. Vielleicht klappt es mit dem falschen Bein aus Versehen, aber von Verzögerung ist mangels Sprungkraft wirklich nichts zu sehen. Aber vielleicht kann ich dies von einem Vierzehnjährigen verlangen?!

Noch ein Beispiel hierzu aus einer anderen Richtung:

Wir fahren zum entscheidenden Spiel um die Meisterschaft in der männlichen E-Jugend. Nach dem Aufwärmen zieht sich die Mannschaft gerade zur Besprechung in die Kabine zurück, als die Kinder zu mir sagen: „Schau mal, Walter, die werfen ja vom gestrichelten Kreis mit einem Sprungwurf aufs Tor!"
Tatsächlich war der Gegner von seinem Trainer darauf getrimmt worden, aus neun Meter Entfernung per Sprungwurf auf das Tor zu werfen. Beim Aufwärmen klappte das noch hervorragend, im Spiel gegen unsere offensive 3:3-Abwehr waren es auf einmal zwölf Meter Abstand bis zum Tor, nichts ging mehr und wir gewannen haushoch.

Nun ist es eigentlich gar nicht falsch, einen Sprungwurf von der Freiwurflinie zu beherrschen. Aber von der körperlichen Entwicklung her ist es
sinnvoll, erst ab der C-Jugend das Werfen aus dieser Entfernung zu üben.
Dann taugt es auch als erfolgreiches Mittel zum Gewinnen.

Gut, wenn du jetzt ins Nachdenken gerätst. Denn das zwingt zu der
Schlussfolgerung: Ich muss mir über meine Ziele unbedingt Klarheit im
Groben und anschließend möglichst im Detail verschaffen.

Darum setze ich mich vor der neuen Spielsaison (und das wäre bereits
noch in der alten Saison!) an meinen Schreibtisch und notiere, was die
Mannschaft und die Einzelspieler schon können. Dann fertige ich eine andere Liste an, was sie im Laufe der Saison hinzulernen sollen. Das könnte
„flüssiges Stoßen" sein, damit der Ball durchläuft und die Raumaufteilung
stimmt. Dieses Ziel muss ich in Trainingseinheiten mit einzelnen Übungen umsetzen, die vom Einfachen zum Komplizierten fortschreiten und
schließlich die Handballfertigkeit „Stoßen" ergeben. Um diese Denk- und
Schreibarbeit komme ich nicht herum. Ich muss sie aber, Gott sei Dank,
auch nicht jede Woche machen.

Klare Ziele finden und aufschreiben

Aber was lässt sich in einer bestimmten Altersstufe überhaupt erreichen?
Was ist, wenn ich unerfahren bin? Wenn ich als Neuling, Jungfuchs,

Frischling bzw. blutiger Anfänger vom Trainieren keine Ahnung habe?
Dann gibt es zwei Lösungswege: die Theorie und die Praxis.

Theorie heißt, ich lese sämtliche einschlägige Handballliteratur, Fachliteratur also, vorab die Handbücher des DHB[2], und schaue in das Trainermagazin *handballtraining* aus dem Philippka-Sportverlag. Es ist nicht alles falsch, was da drinsteht, kann ja auch gar nicht sein. Viel gut gemeinte pädagogische Absicht schwingt jedoch oftmals mit. Oder besonders fähige Auswahlspieler machen in Farbbildreihen erstaunliche Dinge vor. Das besitzt den Nachteil, dass manche Trainer nicht so ganz glauben können, was für schwierige Sachen nach diesen Büchern funktionieren sollen. Interessant ist das schon, aber Zweifel, ob man das umsetzen kann, bleiben.

Dabei hilft die Praxis. Warum soll ich nicht von der Arbeit anderer profitieren? Warum das Rad neu erfinden?
Dann fahre ich in der Vorbereitung zu Turnieren und schaue mir an, was die anderen Mannschaften können. Bei höheren Zielen, wenn ich beispielsweise Meister meines Landesverbandes werden möchte, muss ich die Saison zuvor zu dem jeweiligen Turnier oder Endspiel fahren und die beteiligten Mannschaften analysieren, welche Fähigkeiten sie besitzen, was die Spieler können und welche taktischen Konzepte verwendet werden. Daraus filtere ich wiederum eine Liste und vergleiche sie mit der oben aufgeführten Ist- / Soll-Liste meiner Mannschaft. Dann kann ich meine Soll-Liste überarbeiten. Und schon habe ich klare Ziele.

Anschließend schreibe ich bloß noch einen unverschämten Brief an den Vereinsvorstand, dass ich mindestens dreimal in der Woche mit meiner Jugendmannschaft in der großen Halle alleine trainieren will, und schwupps, die nächste Meisterschaft ist greifbar nahe. Denn optimistisch sind wir doch alle – wenigstens vor der Saison.

---

2 U.a. Horst Bredemeier, Dietrich Späte, Renate Schubert, Klaus Roth, „Handball Handbuch 2 – Grundlagentraining für Kinder und Jugendliche"; hrsg. vom Deutschen Handballbund, Philippka-Sportverlag, Münster 1990. Empfehlenswerte Klassiker sind auch die Bücher von Erwin Singer, „Spielschule Hallenhandball", CD-Verlagsgesellschaft, Stuttgart 1978 und „Hallen-Handball", Queck-Verlag, Stuttgart 1972 (diverse Auflagen). Inzwischen liegen auch immer mehr Anleitungen als Videos vor (z.B. von „Balljäger" Klaus Feldmann, „Trainingsbausteine für die E-Jugend").

Scherz beiseite: Mit diesen drei Listen (Was können meine Spieler? Was sollten sie alsbald können? Was beherrschen andere Mannschaften?) kannst du eine klare Planung[3] betreiben. Und spätestens an Weihnachten gibt es irgendwann ein paar ruhige Stunden, an denen du wieder einmal deine Listen anschauen solltest. Was wurde erreicht, was nicht? Stelle deine Mannschaft auf den Prüfstand und leite daraus klare Schwerpunkte für das Trainieren ab. So einfach ist das. Notfalls reicht auch eine Maximalliste aus. Aber ein geordnetes Vorgehen nach bestimmten Zielen ist ein Muss. Nicht verwechseln darf man diese Liste mit einem Trainingsplan. Je nach Alter, Leistungsvermögen und Zeitbudget kann die Liste jedes Jahr völlig unterschiedlich umgesetzt werden. Sture Planwirtschaft à la DDR nützt gar nichts. Manches braucht nur einmal, anderes muss fünfmal hintereinander trainiert werden, bis du als Trainer zufrieden bist. Und manches muss natürlich ab und zu wiederholt werden.

Managementmäßig[4] würde ich formulieren: klare Ziele finden, geeignete Maßnahmen ergreifen, mein Produkt zur richtigen Zeit positionieren und alsdann den Markt beherrschen. Hört sich doch gut an.
Übrigens: Platziere die Listen ganz vorne in deinem Handballordner, sodass du ab und zu automatisch auf sie stößt. Das hilft, sie nicht zu vergessen. Und wenn du mal wieder nicht weißt, was du trainieren sollst, dann schau einfach in deiner Liste nach!

Spaß oder Ernst

Was du aber auf deiner Liste nicht vergessen solltest, ist der Spaß im Training. Jeder gute Lehrer wird ab und zu ein Spaßtraining durchführen. Sei es, weil eine unglückliche Niederlage passiert ist, sei es, weil die Ferien bevorstehen – immer mal wieder muss das ernste Üben durch ein lockeres Training unterbrochen werden. Das tut auch dem Coach gut.

---

3 Heutige Bundesligatrainer verfügen über zahlreiche Statistiken, Testergebnisse, Spielauswertungen, psychologische Profile und Ähnliches, welche über die betreffende Mannschaft sehr viel aussagen. Um solche „Mannschaftsbücher" sind schon arbeitsrechtliche Prozesse geführt worden, dass derlei Unterlagen dem Verein und nicht dem angestellten Trainer gehören.
4 Es gibt übrigens Managementmethoden, die genau nach dem gleichen Prinzip funktionieren: für sich Ziele formulieren und das Erreichen regelmäßig überprüfen.

Beispiel für einen Teil meiner Liste:

ABWEHR – GRUNDTECHNIKEN

1. Abdrängen	zur Seite / nach außen
	zweiter Spieler kommt hinzu und hilft
2. Festmachen	Hand auf Ball / klammern
3. Annehmen	aus vollem Lauf / an der Schulter bremsen
4. Übergeben	reden miteinander in der Abwehr
	Gefahr des Hinterlaufens erklären
5. Einläufer	vor Einläufer stehen / ihn beobachten
	und auf gleicher Höhe mitgehen
6. Kreisläufer	zwischen Ball und Kreisläufer stehen + Pass
	abfangen vor oder hinter dem KL decken /
	wegschieben / übergeben
7. Blocken	schirmen beim Freiwurf / Einzelblock /
	Zweierblock
8. Ball rausprellen	nebenherlaufen / frontal von vorne
9. Tipps	Ball oder Arm angreifen / auf Schulter
	drücken und drehen / Ball blockieren oder
	rausschlagen

Ausbildung und Weiterbildung

Eine Ausbildung zum Übungsleiter über den Handballfachverband bringt jedem sehr viel. Mancher hat jedoch eine innere Sperre, scheut die Theorie oder glaubt, zu wenig Erfahrung aufzuweisen. Das sollte niemanden daran hindern, diese Angebote anzunehmen. Es bringt dir wichtiges und notwendiges Fachwissen. Es ist noch keiner, der sich angestrengt hat, bei der Prüfung durchgefallen. Der Fachverband möchte jeden fördern und unterstützen. Beim Kurs sind die anderen nicht wie sonst die Gegner, sondern deine Trainerkollegen und helfen dir entsprechend. Ich bin von so einer Aus- oder Fortbildung jedes Mal neu motiviert nach Hause gefahren. Es bringt dir unheimlich viel. Manche Vereine veranstalten regelmäßig für ihre Jugendtrainer vor Ort Fortbildungstage mit viel Praxis. Das ist vorbildlich und eine tolle Sache.

Die Meisterschaft muss her!

Realistische Ziele ansteuern, aber sich nicht unter Druck setzen

Die Meisterschaft? Ist für mich nicht das Ziel! Offiziell überhaupt nicht!

Ich bin doch nicht der Profitrainer einer Bundesligamannschaft, der das Blaue vom Himmel herab versprechen muss, um den gierigen Medien, dem ehrgeizigen Präsidenten, den auf bestmögliche Medienkontakte kalkulierenden Sponsoren und gewissen grölenden, fanatisch Erfolg verlangenden Zuschauern zu genügen.
Ich habe noch nie auf einer Elternversammlung oder im Verein gesagt: „Wir wollen Meister werden." Ich sage normalerweise nur: „Wir wollen gerne unter die ersten drei kommen. Die Mannschaft hat die Fähigkeit dazu. Wir können vorne mitspielen. Und ich brauche von euch alle Unterstützung dafür. Wenn wir nur Fünfter werden, haben wir (doch nicht ich!) etwas falsch gemacht und wir sollten mal intensiv darüber nachdenken."
Wozu soll ich mich mit öffentlichen Äußerungen in der Jugendarbeit unter Druck setzen? Mein persönlicher Ehrgeiz verlangt zwar, möglichst weit vorne zu landen, aber kann ich das garantieren? Auch andere Mannschaften haben einen ausgezeichneten Trainer, sehr gute Spieler und optimale Trainingsbedingungen. Und was ist mit Verletzungspech und schulischen Katastrophen? Was mit verkorksten Spielen und merkwürdigen Schiedsrichtern? Also halte ich mir lieber den Rücken frei.

Was ich meinen Spielern erzähle, darf sich aber von dem unterscheiden, was ich den Eltern sage. Wenn wir Tabellenführer sind, sollte das Ziel durchaus „Erster werden" heißen und auch so angesprochen werden. Das Selbstbewusstsein zu stärken ist immer wichtig. Nur: Die Vorgabe derartiger Ziele kann auch blockieren, Enttäuschungen auslösen, Spielerabgänge verursachen oder Konflikte mit Spielern, Eltern, Funktionären etc. heraufbeschwören, wenn es nicht klappt.
Große Versprechungen vor der Saison stempeln den Trainer, dümpelt die Mannschaft später im Mittelfeld dahin, zum Lügenbold und Sprü-

cheklopfer ab. Bei Politikern werden solche Aussagen schnell vergessen. Im Sport erinnert die aktuelle Tabelle unerbittlich an deine prahlerischen, übertriebenen Ziele. Also Vorsicht bitte mit solchen Zielvorgaben, aber wenn sie realistisch sind, dann solltest du sie bewusst einsetzen.

Nun, bist du immer noch ehrgeizig und wild entschlossen, die Meisterschaft zu holen? Da gibt es ein Patentrezept, das todsicher funktioniert. Lies einfach mal den nächsten Absatz.

Genügend gute Spieler sind der Schlüssel zum Erfolg

Wenn du Meister werden willst, brauchst du gute Spieler in genügender Anzahl. Diese primitive Wahrheit predigt dir jeder Trainer von Erwachsenenmannschaften. Also schafft der Vereinsvorstand irgendwie genügend Geld heran und kauft neue gute Spieler ein.

In den Jugendmannschaften geht dies aus vielen Gründen nicht. Zwar gibt es zahlreiche Konzepte mit Ganztages- und Teilzeit-Handballinternaten, aber nicht jeder Bürgermeister lässt sich für diese Idee begeistern. Und schon wenn du in der C-Jugend bei 13- oder 14-jährigen Auswahlspielern in der näheren Umgebung einkaufen gehst, sind die Hindernisse riesengroß. Auch sonst werden alle möglichen Modelle diskutiert und vielleicht irgendwann einmal probiert. Meistens sind sie vor Ort nicht zu verwirklichen, also ist praktikable Selbsthilfe angesagt.

Irgendwie müssen schon bei den Achtjährigen mindestens 25 gute Spieler in der Halle stehen, dann klappt das mit der Meisterschaft wie von selbst. Glaube mir! Der Trainer, das Training – alles nicht so wichtig. Entscheidend sind viele sehr gute Spieler, die brauchst du. Prima Spielermaterial ist die Grundlage des sportlichen Erfolges. Da gibt es nichts weiter zu sagen oder zu diskutieren.

Wie komme ich zu meinen Nachwuchsspielern?

Die Ausgangsbedingungen für den Erfolg hängen also stark von den Rekrutierungsmöglichkeiten ab. Diese sind auf dem Dorf bzw. in der Stadt sehr unterschiedlich.

Auf dem Dorf irgendwo

Ich habe zehn Jahre lang in einem Dorf trainiert. Die Situation war folgende: Bei rund 3000 Einwohnern standen pro Jahrgang etwa 15 männliche Jugendliche prinzipiell als Spielermaterial zur Verfügung, also für eine B-Jugend zwei Jahrgänge, das sind dann insgesamt 30 Kandidaten. Davon waren etwa fünf kulturell vernagelte Querflötenspieler oder Ähnliches, nochmal ungefähr fünf Möchtegernpunks, die an der Bushaltestelle kifften, Bierflaschen herumwarfen oder Spielplatzgeräte demolierten. Es blieben demnach 20 Spieler übrig, um die sich der Fußballverein und die Handballabteilung stritten (auf der weiblichen Seite war die Konkurrenz nicht so groß). Dabei waren diese 20 Kandidaten keineswegs Sportskanonen, sondern sie konnten nur einigermaßen geradeaus laufen und trafen ab und zu mal richtig den Ball. Die guten Sportler spielten immerhin irgendwann – nachdem die Trainer vernünftig miteinander geredet hatten – mit großem Spaß sowohl Fußball wie auch Handball.
Diese Situation war absolut unbefriedigend. Du lebst auf dem Dorf am Rande des Existenzminimums. Wenn du Glück hast, gibt es in erträglicher Entfernung einen weiteren Handballclub, mit dem du eventuell eine Spielgemeinschaft eingehen kannst. Oder ein Nachbardorf in zumutbarer Nähe, von wo doch noch ein paar Kinder herantransportiert werden können.

Und um die geringe Personenzahl auszuschöpfen, musst du dich auch noch ganz schön anstrengen. Schau vor allem auf persönliche Beziehungen, die du einsetzen kannst. Flirte von mir aus mit der Leiterin des (einzigen) katholischen Kindergartens und lasse sie die Minihandballgruppe leiten oder trinke den Rektor der Grundschule beim Dorffest so lange unter den Tisch, bis du eine Handball-AG gründen darfst. Dies kann funktionieren, höre dich ruhig mal um.

Ansonsten landauf, landab

a) Klassisch: der Sportlehrer
Früher konnte man über gute persönliche Beziehungen erreichen, dass ein Sportlehrer bzw. eine Sportlehrerin gute Sportler in das Handballtraining schickten. Heutzutage ist diese Möglichkeit am Aussterben, sei es, dass

es keine dem Handball gegenüber positiv eingestellten Sportlehrer mehr gibt, sei es, dass andere Modesportarten der unsrigen den Rang abgelaufen haben. Das ist aber gleichzeitig eine Chance. Biete dich an, die Sportart einmal vorzustellen und Lehrerfortbildung zu betreiben.

b) Minihandball oder Ballschule
Wer das Glück hat, eine sozial aktive Persönlichkeit für den Altersbereich zwischen fünf und acht Jahren gewinnen zu können, sollte diese auf Händen tragen. Eine sportlich engagierte Mutter, womöglich im Elternbeirat einer Schule und dazu noch im Kirchenchor aktiv, kann innerhalb kurzer Zeit 15 bis 25 neue Kinder für den Handball gewinnen, einfach weil sie bekannt ist und die Eltern ihr Vertrauen entgegenbringen. Dort darf dann eigentlich kein Handball trainiert, sondern soll über allgemeine Ballspiele und breit gestreute Übungen die Spielfreude und der Bewegungsdrang befriedigt werden.

c) Schulmannschaften, Kooperationen, Handball-AGs, Schulturniere
Sehr bewährt haben sich in der Zusammenarbeit mit den Schulen Handball-Arbeitsgruppen, die bereits in der Grundschule (evtl. ab der 2. Klasse für sieben- bis achtjährige Kinder, sicher schon bei acht- bis zehnjährigen in der 3. und 4. Klasse) ansetzen sollten. Jede Schulleitung freut sich, wenn der Verein ihr ein solches Angebot macht. Der Knackpunkt ist natürlich das Problem, nachmittags qualifizierte Trainer aufbieten zu können. Gerade ältere Sportkameraden/innen sind dafür ideal geeignet. Die Schulmannschaften tragen natürlich auch ein Turnier aus und die Spieler können dann mühelos in den Verein gelotst werden. Schnupperturniere funktionieren als bloßes Angebot nicht so gut, sie kommen meist nur zustande, wenn man einige Trainer für ein paar Wochen vorab als „Hilfslehrer" delegiert hat.

d) Samstagsschnuppertraining
Oft herrscht eine große Knappheit an Hallenzeiten. Gerade deswegen bietet sich der Samstagmorgen zu einem Schnuppertraining (oder Fördertraining) an, das einige Male wiederholt wird. Viele Eltern sind froh, ihre Sprösslinge zwei Stunden lang abgeben zu können, um in Ruhe ihre Wochenendeinkäufe zu tätigen. Daher wäre dies eine gute Möglichkeit, die personelle Situation zu verbessern.

Der Markt ist begrenzt

Tatsächlich haben jene Autoritäten recht, welche sagen, dass erst ab etwa acht Jahren ein Kind Handballspielen lernen kann. Das hängt sicherlich mit der allgemeinen körperlichen und geistigen Entwicklung zusammen. Es tut mir leid, dies sagen zu müssen, aber alles Herumspielen mit jüngeren Kindern[5] ist kein Handball. Schau aber im Gegensatz dazu einmal fünfjährigen Knirpsen beim Fußballspielen zu. Da die Beinmuskulatur viel früher gut entwickelt ist, kommt in diesem zarten Alter schon richtiger Fußball zustande.

Es ist jedoch zweifellos notwendig, die Kinder so früh wie möglich für den Handballsport zu gewinnen, sonst sind sie bei anderen Sportarten gebunden. Die Konkurrenz der Sportvereine um den Nachwuchs ist eine unangenehme Tatsache. Aber sie existiert nun mal und man hat sie einfach zu berücksichtigen.

5 Deswegen können die Kinder natürlich trotzdem im Minihandball auflaufen. Man täusche sich jedoch nicht, wenn wenige wuselige Ausnahmeerscheinungen dort die anderen Normalentwickler aufmischen. Das ist nicht Standard.

Abwerben ist immer sehr schwierig, so etwas gelingt höchstens bei „Grundlagensportarten" wie Leichtathletik bzw. Kinderturnen. Und zwei Disziplinen nebeneinander erfordern schon sehr sportbegeisterte Eltern. Die lieben Mütter lassen dich meist bald energisch und lautstark wissen, dass es ihnen absolut zu viel ist, die kleinen Herrschaften dauernd herumzukutschieren. Eine Sportart reiche ihnen völlig.

Da hat übrigens kein Vater etwas mitzureden, denn die Arbeit haben ja oftmals die Mütter am Hals. Also: Bitte immer charmant zu den Müttern sein!

Auswirkungen von vielen oder wenigen Spielern

Ich habe einmal eine F-Jugend bei einem kleinen, aber finanzstarken Verein trainiert, der sich einen großen Vereinsbus leisten konnte. Die Kinder wurden damit vom Coach bequem zu jedem Training abgeholt und später wieder zurückgebracht. Aber auch dadurch konnten nicht mehr Teammitglieder gewonnen werden. Im Gegenteil, die geringe Spielerzahl führte regelmäßig dazu, dass die betreffenden Jugendmannschaften wenig Zusammenhalt entwickelten. Die einzelnen Spieler nahmen sich alle möglichen Freiheiten heraus, sie wussten genau, dass ich sie brauchte, um überhaupt eine Mannschaft zusammenzubekommen. Man musste ihnen entgegenkommen oder es hieß: „Da bin ich nicht da, da habe ich etwas anderes vor."

So tanzen die Jugendlichen dem Trainer bald auf der Nase herum, spielen ihre Macht aus und tyrannisieren die Mannschaft. Die Situation schränkt sehr ein, du kannst keine Freundschaftsspiele machen oder musst sogar Punktspiele verschieben und die pflichtbewussten Spieler bzw. Eltern meckern über die verantwortungslosen Kameraden. Ähnlich ist es, wenn du nur zwei oder drei gute Spieler hast. Auch diese spielen schnell ihre Macht aus, weil sie merken, ohne sie verlierst du.

Wenn zu wenige Spieler vorhanden sind, taucht oft ein „Samariter-Effekt" auf. Dann helfen vier Spieler von der C-Jugend in der B-Jugend aus, dort wiederum müssen drei Stück in der A-Jugend einspringen und so weiter. Das tolle Gefühl, den anderen aus der Patsche geholfen zu haben, erzeugt den wunderbaren Eindruck von Solidarität und Zusammenhalt. Tatsächlich geht ein solcher Verein auf dem Zahnfleisch und taumelt am Rande des Existenzminimums entlang. Das sportliche Ziel hat sich bereits gewandelt von „Meister werden" zu „Bitte nicht so hoch verlieren". Die Vereinsfunktionäre kämpfen nur noch darum, die Mannschaft nicht auflösen zu müssen, sondern irgendwie die Runde zu überstehen und die restlichen Spiele ohne zu viele Strafen absolvieren zu können.

Ganz anders ist es, wenn zwölf oder vierzehn Spieler da sind. Dann muss kein Spiel ausfallen und der Einzelne merkt sehr schnell, dass er ersetzbar ist. Als Trainer braucht man nicht um den Einsatz eines Einzelnen zu „betteln" („Du kannst die Mannschaft doch nicht im Stich lassen!"), sondern kann eher der Argumentation folgen: „Dann spielen wir eben ohne dich!" Wenn der fehlende Spieler von den anderen später hört: „Wir haben auch ohne dich gewonnen!", dann hat das durchaus eine erstaunliche Wirkung. Der Gruppendruck stellt den Einzelnen sehr schnell vor die Entscheidung, entweder auszusteigen oder konsequent beim Handball zu bleiben. Meistens ist Letzteres der Fall. In die nächstältere Mannschaft kommt bei vielen Spielern normalerweise nur einer, der sehr talentiert ist.

Auch zwischen den Mannschaften herrscht Konkurrenz, denn immer wieder wird gefragt: „Habt ihr gewonnen?" Und niemand hört gerne den höhnischen Vorwurf: „Ihr Verlierer!" Dazu kommen natürlich noch öffentliche Belohnungen für Meisterschaften, Sportlerehrungen und so weiter.

Wer viele Spieler hat, wird ganz anders mit ihnen umgehen können.

Jahrgangsmannschaften

In vielen kleinen Vereinen ist es Normalzustand, dass nach jeder Saison die Mannschaften, den jeweiligen Altersklassen entsprechend, mühselig wieder zusammengestellt werden müssen. Dauert der Übergang zu einem neuen Trainer zu lange oder harmonieren die Spieler nicht untereinander, bricht schnell alles zusammen oder es muss mit viel zu jungen, notwendigerweise leistungsschwächeren Spielern aufgefüllt werden.
Daher sind optimalerweise Jahrgangsmannschaften anzustreben, also Teams, deren Mitglieder alle demselben Jahrgang angehören. Da die kör-

perliche Entwicklung in einem engen Zeitrahmen erfolgt, hat ein Trainer es viel leichter, diese Truppe zu trainieren. Er kann genau die momentan erreichbaren Fähigkeiten ansteuern und braucht nicht Rücksicht zu nehmen auf etwa zwei Jahre jüngere Spieler. Außerdem entfallen Schwachstellen in der Mannschaft, sie wird ausgeglichener besetzt sein. Wenn diese Spieler oder Spielerinnen über Jahre hinweg immer zusammenbleiben, sind sie natürlich irgendwann total eingespielt aufeinander. Und eine solch eingeschworene Truppe wird auch zusammenbleiben.

Nun können höhere Ziele gesteckt werden und lassen sich besser erreichen. Daraus darf man eine größere Trainingsbereitschaft ableiten und der Zusammenhang zwischen viel Training und sportlichem Erfolg wird klarer. Wenn du den Leistungsdruck noch mehr erhöhen willst, können im Wettkampf von Fall zu Fall Spieler des jüngeren Jahrgangs eingesetzt werden, um Rivalitäten zu schüren und die älteren bis zum Äußersten anzuspornen.

Unabdingbare Voraussetzung für Jahrgangsmannschaften ist natürlich das Vorhandensein vieler Spieler. Aber das müsstest du in Zusammenarbeit mit den anderen Jugendtrainern und Aktivisten im Verein und mit den zahlreichen guten, schon genannten Tipps hinbekommen – oder etwa nicht? Trau dich! Rede darüber!

Wie oft trainieren?

Das Minimum: zweimal Training pro Woche

Für viele Trainer wird sich diese Frage gar nicht stellen. Die örtliche Hallensituation ist manchmal so beschränkt, dass jeder froh ist, überhaupt einmal in der Woche trainieren zu können. Dabei ist klar: Ab zweimaligem Training pro Woche macht das Ganze erst Sinn. Und das sollte ab der E-Jugend der Fall sein. Nur dann kann der „Lehrstoff" (dazu später noch einige Bemerkungen) vollständig durchgenommen werden, nur dann sind die Kinder schnell, kräftig und ausdauernd, nur dann bleibt durch Wiederholen etwas hängen, nur dann macht Handball Spaß, weil auch ein paar Siege herausspringen.

Hier ein paar Möglichkeiten, vielleicht doch zweimal trainieren zu können:

a) Halle splitten

Eine Hallenhälfte reicht aus, um das Notwendigste zu trainieren. Dann kann man gegen die Mannschaft in der anderen Hälfte zum Schluß auch ein schönes Handballspiel veranstalten.

b) Mannschaften zusammenfassen

Warum darf die B-Jugend nicht mit der A-Jugend zusammen, die C-Jugend nicht mit der B-Jugend trainieren? 20 Kinder sind zwar eine Menge, aber es gibt auch Übungen dafür. Oder man nimmt die älteren C-Jugend-Spieler zur B-Jugend hinzu, was aus Spielermangel sowieso eventuell notwendig wird.

c) Kleine Hallen nutzen

Ich habe jahrelang in einer Halle mit den Maßen 10 x 20 Meter trainiert. Das ist genau ein Viertel des Standard-Spielfeldes. Zwei Tore und zwei Torraumlinien waren vorhanden, man konnte maximal vier gegen vier spielen – aber in der E-Jugend klappte das prima und war optimal!

d) Aufwärmen in Nebenräumen

Wenn alle Mannschaften zum Aufwärmen auf die Gymnastikhalle oder auf die angegliederte Theaterbühne, falls vorhanden, ausweichen, dann springt pro Tag eine Trainingseinheit mehr heraus.

e) Im Freien trainieren

Bei schönem Wetter ist das kein Problem. Zwar sind Asphalt- und Hartgummiplätze nichts für „Weicheier", aber mit entsprechender Schutzkleidung und angepasstem Verhalten ist manches möglich. Ein reines Ausdauertraining auf der Laufbahn kann als Ergänzung hinzukommen, ist aber auf die Dauer nicht zu empfehlen. Es fehlt dann doch der geliebte Ball. Also bleib dran, kämpfe um jede Gelegenheit, irgendwo Trainingszeiten zu bekommen. Es wird sich auszahlen!

Das Maximum: fünfmal Training und mehr

In manchen Lehrbüchern steht, Kinder sollten vor Überbelastung geschützt werden. Das mag in Zeiten mittelalterlicher Kinderarbeit allgemein zutreffend gewesen sein. Tatsächlich ist die heutige Jugend in keiner Weise körperlich ausgelastet, eine Überlastungsgefahr ist kaum zu erkennen. Ein bisschen mehr Training kann also nicht schaden. Aber wie viel?

Als in unserem Verein ein rumänischer Profitrainer auftauchte, um mit der männlichen C-Jugend viermal in der Woche zu trainieren, staunte jeder. Zusätzlich verlangte er, dass in den Ferien zweimal täglich trainiert werden sollte. Nachdem ich den heruntergefallenen Unterkiefer wieder hochgeklappt hatte und reihum einhellig der Kommentar „Der spinnt wohl!" zu hören war, begab ich mich am Ende der Ferien in die Halle, um die Katastrophe selbst zu begutachten. Aber das Gegenteil war der Fall. Die Kinder waren in den Ferien beschäftigt, lagen abends früh im Bett und nervten die Eltern nicht. Natürlich hatten einige gefehlt, aber der Großteil zog mit. Und sportlich waren nur positive Effekte zu verzeichnen.

Daher ist gegen ein drei- bis viermaliges Training in der Woche nichts einzuwenden. Als im Zuge der Periodisierung einen Monat lang in der B-Jugend sogar fünfmal trainiert wurde, sprang am Schluss sogar die deutsche Jugendvizemeisterschaft heraus. Wir sollten hier von Vorurteilen und überkommenen Vorstellungen Abschied nehmen. Natürlich setzt eine derartig intensive körperliche Belastung ein sorgfältig aufgebautes Wissen im Bereich Sportbiologie voraus, aber möglich ist es. Dann müssen nur noch genügend Hallen, engagierte Trainer und die Unterstützung des Leistungsgedankens durch alle vorhanden sein.

Nach meinen langjährigen Aufzeichnungen finden, abhängig von den örtlichen Gegebenheiten, bei zweimaligem Training letzten Endes pro Jahr zwischen 70 und 74 Trainingsabende statt.[6] Nimmt man 14 Spiele und einige Turniere hinzu, dann sind die Kinder bei 365 Tagen im Jahr und etwa 90 Handballaktivitäten rechnerisch an jedem vierten Tag mit Handball beschäftigt, dazwischen liegen jeweils drei freie Tage. Das ist wahrlich nicht zu viel. In Handballinternaten wird pro Woche in fünf bis sieben Einheiten und noch mehr trainiert. Wenn wir das vor Ort hinbekommen würden, wäre dies phänomenal.

Im Übrigen ist Handball ein Sport, bei dem in jedem Augenblick des Spiels die Leistung gemessen wird – und zwar oben auf der Anzeigetafel nach Toren in einer bestimmten Spielzeit. Deswegen strenge ich mich als Trainer so enorm an und verschwende Hirnschmalz, es soll sich schließlich lohnen! Anerkennung bekommt jener in der Leistungsgesellschaft, der etwas bietet und möglichst weit vorne mitspielt. Und selbst wenn der Vorletzte gegen den Letzten spielt, kämpft man um etwas, nämlich um den Sieg. Man leistet mehr als andere und kann stolz darauf sein.

Auswahltraining – ja oder nein?

Wenn du als Trainer einen sehr guten Spieler hast, wird er irgendwann erfahren, dass es eine Sichtung für die Bezirksauswahl (oder wie die auch heißen mag) gibt. Natürlich will er dorthin, unterstützt von seinen Eltern. Leider ist die Auswahl möglicherweise gleichzeitig ein „Spielermarkt".

6 Mein Trainerkollege Dragomir Kraljevic (HSG Konstanz / HSC Kreuzlingen), dem ich an dieser Stelle herzlich für seine Unterstützung danken möchte, konnte z.B. mit seiner D 1 m. in der Saison 2005/06 bei normalerweise zweimal Training die Woche immerhin 81-mal trainieren. Er übertraf mich durch seine zusätzlichen Trainingseinheiten in den Ferien bzw. ein freiwilliges Lauftraining auf dem Sportplatz.

Ich habe schon oft erlebt, wie die Dinge im Auswahltraining liefen. Erstens fahren andere Trainer auch hin, bringen ihre Jugendlichen vorbei und schauen sich dort gründlich um. Zweitens bearbeiten die anderen Spieler deinen Handballer: „Spiel doch bei uns! Da hast du mehr Erfolg!" Und drittens war so leider deswegen mein bester Spieler im Nu abgeworben. Man kann sich nun auf den Standpunkt stellen, dass niemand zum Auswahltraining gehen sollte. Das ist natürlich im Sinne des eigenen Erfolges bzw. des eigenen Vereins ganz logisch gedacht. Aber ist diese Haltung richtig?

Ich war immer der Auffassung, dass gute Spieler die Chance bekommen sollten, in der Auswahl zu spielen. Gelingt dies, ist damit ein ungeheurer Motivationsschub verbunden. Und für die Mannschaftskameraden fällt ebenfalls etwas ab: Entweder sie wollen auch einmal dorthin und strengen sich entsprechend an, oder sie können zumindest damit angeben, einen Auswahlspieler in ihren Reihen zu haben. Man sollte allerdings nicht den Fehler begehen und die ganze Mannschaft zur Sichtung transportieren. Der Trainer muss objektiv sein und tatsächlich nur ernsthafte Kandidaten hinschicken, sonst macht er sich lächerlich.

Gelingt schließlich einem oder mehreren Spielern der Sprung in einen Kader, hat dies mehrere positive Auswirkungen. So kannst natürlich auch du erst einmal stolz sein auf diesen Erfolg. Für den betreffenden Spieler ist dies zusätzliches Training und ein Messen mit den Besten, was ihn noch besser werden lässt. Darüber hinaus verbessert sich das Ansehen des Vereins und liefert gute Argumente gegenüber den Sponsoren. Unbedingt erforderlich ist jedoch die Unterstützung durch die Eltern. Ziehen diese nicht mit (Fahrdienst, Probleme in der Schule ...), bleibt so mancher Auswahlspieler auf der Strecke. Daher muss immer wieder auch dieser Punkt angesprochen und ihnen für die Unterstützung gedankt werden.

Wird dir aber ein Spieler über die Auswahl abgeworben, dann solltest du über folgende Punkte nachdenken: Wäre der Jugendliche auch ohne Sichtung eventuell früher oder später angesprochen und abgeworben worden? Wäre er vielleicht von selbst gegangen, weil er sich unterfordert oder unbehaglich gefühlt hat? Du hättest also wohl den Weggang gar nicht verhindern können. Und kehrt dieser Spieler nicht vielleicht wieder zurück?

Dann kommen die gemachten Erfahrungen deinem Verein zugute. Die Erweiterung der Perspektive hat noch jedem – so oder so – genutzt. Aber du darfst den Kontakt zu dem Abgeworbenen nicht abreißen lassen. Dann ist die Wahrscheinlichkeit groß, dass der Spieler später wieder zurückkehrt.

Frühentwickler

Unter deinen zahlreichen Spielern finden sich bestimmt einige Kinder, die schon allein durch ihre Körpergröße auffallen. Das können Frühentwickler sein oder aber einfach groß geratene Sprösslinge von ebenfalls hochgewachsenen Eltern. Beachte in diesem Zusammenhang folgende Erkenntnis: Du trainierst immer an der Zeitlinie entlang. Die Kinder wachsen und können immer mehr Dinge erlernen. Also versuchst du, ihnen möglichst früh neue, altersgemäße Fertigkeiten anzutrainieren. Denn das ist der Vorsprung, der die bessere Mannschaft ausmachen kann. Und da ist der Trainer gefordert. Akzelerierte Spieler („Frühentwickler") bringen dir dabei am meisten. Am besten stellst du also eine Mannschaft zusammen, deren Mitglieder alle kurz nach dem Stichtag im Januar geboren und einen Kopf größer sind als jene vom Dezember.[7]

Glücklicherweise schafft das keiner. Aber versuche mal, deine Mannschaft in körperliche Früh-, Spät- und Normalentwickler einzuteilen. Und denke darüber nach, ob du für die Normal- und Spätentwickler nicht noch mal die Trainingseinheit vom letzten Jahr wiederholen solltest. Sie würden es dir bestimmt danken. Im Übrigen hören manche Frühentwickler schon mit 16 Jahren auf zu wachsen. Und die Normalentwickler ziehen vorbei. Dann ist es leider vorbei mit dem „Januar-Effekt". Oder die richtig Großen legen noch 15 Zentimeter zu. Dann hast du Glück gehabt. Denn Körpergröße hat einen bedeutenden Einfluss bei den Rückraumspielern.

7 In einer internationalen Untersuchung von Profifußballern wurde festgestellt, dass „berufsmäßige Spieler mit überdurchschnittlich hoher Wahrscheinlichkeit im ersten Quartal nach dem alljährlichen Saisonstart" geboren sind. Philip E. Ross (Spektrum der Wissenschaft, Januar 2007, S. 42) meint dazu: „Dadurch kamen sie als Kinder immer in etwas höherem Alter in die jahrgangsabhängigen Jugendspielklassen als die anderen, sodass sie meist größer und kräftiger waren. Das machte sie tendenziell erfolgreicher und motivierte sie so zu verstärkten Anstrengungen." (nach: Lucy Reading-Ikkanda, 1999).

Wer spielt auf welcher Position?

Aussortieren oder nicht?

Im Handball kannst du so gut wie jeden gebrauchen, egal ob groß oder klein, schlank oder dick. Hauptsache, er kann einen Ball fangen und mit einem guten Armzug auf das Tor werfen. Wenn du allerdings zu wenige Spieler hast, wirst du mangels anderer Möglichkeiten auch Kinder ausbilden, die keine wirklichen sportlichen Fähigkeiten besitzen oder sogar körperliche Nachteile aufweisen.[8] Das geht eine Weile gut, bis die Anforderungen mit steigendem Alter so groß sind, dass der Spieler gegenüber den anderen deutlich abfällt. Dann werden die Teammitglieder irgendwann trotz aller Fürsorge abfällige Bemerkungen machen und ein Kind wird tränenüberströmt aus der Umkleidekabine rennen. Schlechte Erfahrungen habe ich mit älteren Kindern gemacht, welche den Oberkörper nicht verdrehen konnten und keine richtige Wurfhaltung einnahmen.[9]

8 Ich habe schon einen contergangeschädigten Jugendspieler im Training gehabt, welcher an einer Hand einen einzigen winzigen Fingerstummel hatte. Es war ein prächtiger Sportler, aber nur wenn er den Ball mit einer (der anderen) Hand fangen konnte. Das machte natürlich auf Dauer keinen Sinn. Dann trainierte bei mir lange ein Kind, dem ein PKW über den Unterschenkel gefahren war und das etwas hinkte. Hier traten irgendwann Hüftgelenksschäden auf. Mein eigener Sohn hatte einen so großen Schielwinkel, dass er kein räumliches Sehvermögen entwickelte und keine Pässe über zehn Meter Entfernung fangen konnte, was ab der C-Jugend viele Fangfehler mit sich brachte. Hier wirst du ganz vorsichtig vorgehen müssen. Es kommt nämlich irgendwann der Tag, an dem du dich blutenden Herzens von diesen Kindern trennen musst, um Schäden an ihnen abzuwenden. Es wäre zu überlegen, ob du – unbedingt im Gespräch mit den Eltern – nicht schon frühzeitig nach ausführlichem Warnen und Aufklären andere Sportarten vorschlagen solltest.
9 Zur Untersuchung der verschiedenen Wurftechniken und entsprechenden Übungen verweise ich auf den Band Nr. 27 (mit Lernkarten Nr. 27 B) von Bernd Frunzke/Joachim Matschoß „Lernkarten für das Handballspiel; Schlagwurf – Sprungwurf – Fallwurf", Saarbrücken 1983. Zum Erlernen des richtigen Armzuges findet man auch noch folgende Ratschläge: 1. Richtiges Greifen des Balles üben; 2. Beidarmiges Werfen mit weit Ausholen; 3. Beim Ausholen den Ellenbogen berühren (Trainer) und so korrigieren; 4. Mit dem linken Bein (RH) auf eine Langbank stehen und mit dem Ball beim Ausholen hinten die Wand berühren, dann Aufsetzer passen; 5. Mit Überziehhemdchen weit ausholen und werfen

Nur Kugelstoßen mit dem Ball reicht nicht.[10] Der Armzug sollte schon in der E-Jugend durch intensives Sprungwurftraining geübt werden, sonst kommt später kein strammer Wurf zustande und der Spieler erzielt dementsprechend natürlich auch keine Tore.

Spielertypen

Für jeden gibt es das passende Plätzchen. Normalerweise stellt man die eher unbeweglichen oder stabileren Herrschaften an den Kreis. Dort müssen sie nicht so viel rennen und können ihre Körpermasse gut bei Sperren einsetzen. Die Langen, ob schlaksig oder bullig, spielen im Rückraum auf den Halbpositionen. Als groß gewachsene Wurfkanonen müssen sie später Druck aus dem Rückraum ausüben. Die kleinen schnellen Flitzer kommen auf die Flügel, jene mit der besten Übersicht auf die Spielmacherposition Rückraum Mitte. Oft wird man die wendigen Typen auf beiden Positionen (außen und Mitte) einsetzen können. Auch ein Großer darf gerne Rückraum Mitte spielen.

Meistens zeichnet sich die richtige Position bei den elf- und zwölfjährigen Spielern schon ab. Es gehört zu den wichtigsten Fähigkeiten eines Trainers, aufgrund seiner langjährigen Erfahrung Kinder in ihren Entwicklungsfähigkeiten einschätzen zu können und sie auf den geeigneten Positionen einzusetzen.

Gleich dazu noch ein Hinweis: Fördere die Großen! Bei den Achtjährigen stolpern sie noch über die eigenen Füße, sechs Jahre später bist du ohne sie als Rückraumbomber verloren. Du hast zwar am Anfang mehr Erfolg mit den schnellen Flitzern, aber ab der C-Jugend muss die Mischung von Groß und Klein stimmen!

lassen; 6. im Sitzen rücklings gegen eine Langbank lehnen, Oberkörper verdrehen, weit ausholen und entlang der Bank werfen. Ausprobieren!

10 Interessant die Meinung von Ex-Nationaltrainer Armin Emrich, der öfter geäußert hat, Kinder sollen mit Haftmittel spielen dürfen. Außerdem schließen technische Besonderheiten oder gar Mängel ein Kind vom Handball nicht immer aus. Ein Spieler von mir, der früher Tennis spielte, hatte durch den Tennisaufschlag einen verkürzten Armzug, aber trotzdem einen knallharten Wurf. In die Auswahl schaffte er es durch dieses Manko nicht, obwohl er ein sehr guter Handballer war.

Ein Spezialist: der Torwart

Eine Sonderposition nehmen die Torhüter ein. Mut, Reaktionsschnelligkeit und Beweglichkeit zeichnen einen guten Torwart aus. Ob er klein oder groß ist, spielt insgesamt keine Rolle. Allerdings haben es kleine Torhüter in der Jugend oft sehr schwer, so lange durchzuhalten, bis sie in der A-Jugend endlich beweisen können, wie gut sie wirklich sind.[11] Normalerweise stellst du keinen durch Süßigkeiten aufgeschwemmten Frühentwickler zwischen die Pfosten, sondern einen deiner besten Spieler. Ich habe schon einen Auswahlspieler gesehen, der die erste Halbzeit im Tor, die zweite Halbzeit auf Rückraum links spielte, beide Male mit ausgezeichneten Leistungen.

Allerdings halte ich es für eine Verschwendung, Linkshänder ins Tor zu lassen. Leider gibt es viel zu wenige von dieser Sorte, die automatisch je nach Statur auf Rechtsaußen oder Halbrechts landen. Als Spezialisten mit naturgegebenen Fähigkeiten stehen sie sowieso unter „Naturschutz" und verdienen besondere Förderung. Ich würde mit allen möglichen Tricks verhindern wollen, dass ein Linkshänder im Tor landet. Ansonsten ist es mit der Seitigkeit so eine Sache ... viele Linkshänder sind keine echten Linksorientierten, sondern mischen linke und rechte Tätigkeiten motorisch durcheinander. Auch daher müssen sie besonders sorgfältig aufgepäppelt werden.

Noch etwas zum Torwart: Bei den Zehnjährigen wollen durchaus alle ins Tor, bei den Zwölfjährigen lässt dies schon stark nach und bei den Vierzehnjährigen will dann keiner mehr zwischen die Pfosten. Man tut also gut daran, frühzeitig geeignete Spieler auszusuchen und zu Spezialisten zu machen. Ein guter Torwart kann ganz allein viel mehr Spiele entscheiden als jeder andere in der Mannschaft. Man braucht ihn unbedingt als Rückhalt. Das musst du deinem Torhüter vermitteln, dann stellt er sich auch

---

11 Als in der A-Jugend einmal der Torwart fehlte, stellten wir unseren kleinen Kreisläufer (1,75 Meter Körpergröße) ins Tor. Zu unser aller Überraschung entpuppte er sich als bewegliches, mutiges Torwarttalent. Fehlende Reichweite machte er mit Spekulieren und Winkelverkürzen wett. Kleine Torhüter entwickeln andere Techniken und Taktiken als die langen Kerle. Vgl. hierzu die zwei Typen Andreas Thiel und Stefan Hecker in ihrem Buch „Halten wie wir", Münster 1989.

mit dem notwendigen Selbstbewusstsein ins Tor. Fördern kannst du dies durch regelmäßiges Torwarttraining.

Neulinge zielen übrigens oft noch nicht beim Torwurf, sondern werfen blind und sehr kräftig irgendwie auf das Tor. Meistens ist das genau in die Mitte und dort steht der arme Torwart, der unbarmherzig abgeschossen wird. Dieser Effekt muss unbedingt verhindert werden, indem du immer wieder klare Zielangaben vorgibst („langes Eck, sonst drei Liegestützen"). Beim Argument „Du bist Torwart, du musst das aushalten!" solltest du hellhörig werden. So redet nur jemand, der nicht zielt beim Torwurf.

Positionen in Angriff und Abwehr

Schon früh merkt man als Trainer, dass es günstig ist, die Kinder vorne und hinten auf der gleichen Position spielen zu lassen. Wer halb rechts in der Abwehr deckt, greift vorne auch als Halbrechter an. Erst ab einem gewissen Alter (C-Jugend) kann man aufgrund der fortgeschrittenen geistigen Entwicklung von allen verlangen, im Angriff etwa als Kreisläufer Mitte und in der Abwehr ganz woanders (z.B. als Linksaußen) zu spielen. Da die Laufwege länger sind, handelt man sich auch Nachteile im Spiel ein.

Die Mannschaft als Kompromiss

Es ist in den seltensten Fällen so, dass in einer Jugendmannschaft jede Position optimal besetzt werden kann. Im Idealfall passen die vorhandenen Spieler alle genau zu den Spielpositionen, welche dann jeweils doppelt besetzt sind. Allerdings fehlt dir meist ein großer, toller Torwart oder ein Linkshänder, dann müssen eben die Nächstbesten für diese Positionen ran. Schwierig ist es, wenn groß gewachsene, wurfgewaltige Spieler für den Rückraum oder pfeilschnelle für außen fehlen. Dann heißt es gezwungenermaßen Kompromisse schließen. Gibt es z. B. keinen Linkshänder, dann muss ein Spieler auf Halbrechts antreten, der viel lieber auf Halblinks oder Linksaußen spielen und von seinen Fähigkeiten eigentlich auch dort hingehören würde. Wenn man ihm aber erklärt, dass er für die Mannschaft auf dieser Position am wichtigsten ist und es keinen Besseren dafür gibt, dann wird er seinen Platz schließlich akzeptieren. Wie heißt es so schön: Mach das Beste daraus!

Der Trainer und die Eltern

Die Eltern, deine Verbündeten

Die Eltern kennenlernen

Klar: Ohne Eltern läuft nichts. Bis zu einem Alter von etwa 13, 14 Jahren bestimmen die lieben Erzeuger, wie die Nachkommen ihre Freizeit zu verbringen haben. Erst danach kehren sich die Vorzeichen um und die Jugendlichen setzen ihre Vorstellungen durch. Demnach müssen bis zu diesem Alter die Eltern bearbeitet werden, ihr Kind doch mal ins Training zu schicken. Meistens dämmert es ihnen ab der zweiten Schulklasse, dass regelmäßiges Sporttreiben doch ein guter Ausgleich für das viele Sitzen wäre.

Daher sollte man gegenüber den netten Müttern jede Menge Charme versprühen, das lohnt sich immer. Der gute Draht zu den Eltern ist Voraussetzung für eine funktionierende Organisation und ein gutes Betriebsklima. Denn die Kinder vergessen öfter mal die Trainings- oder Spieltermine und dann sind ja auch die Transporte vorzunehmen. Daher müssen die Eltern auf jeden Fall hinter dem Unternehmen „Handballspielen" stehen. Ein freundliches Wort und öfter ein kurzes Gespräch nach dem Training oder bei den

Spielen sollte für jeden Trainer selbstverständlich sein. Außerdem müssen am Anfang und am Ende der Saison auf speziellen Veranstaltungen die Kontakte zu den Eltern gepflegt werden. Sehr beliebt sind Grillabende oder -nachmittage auf dem Sportplatz am Sportheim, wobei auch sportliche Gesichtspunkte nicht zu kurz kommen. Ein Eltern-gegen-Kinder-Handballspiel ist dann der Höhepunkt, um das Können der Kinder vorzuführen. Manche Vereine veranstalten Nikolaus- oder Weihnachtsfeiern[12] bzw. machen einen Pfingstausflug.

Ein Elternabend pro Saison ist ebenfalls Pflicht, das erwarten die Eltern schon wegen der Gepflogenheiten der Schule bzw. des Kindergartens. Ansonsten ist jeder Verein auf die Väter, Mütter, Großväter usw. als Fahrer angewiesen.

Das Engagement der Eltern nimmt mit steigendem Alter der Spieler stetig ab. Während die Achtjährigen noch voll umsorgt werden und manche Eltern das ganze Training auf der Bank in der Halle verbringen, kommen die Zwölfjährigen schon selbst mit dem Fahrrad zum Training. Sie sind dann selbst verantwortlich für Bekleidung, Ball und Schuhe. Bei den Sechzehnjährigen hat man schon sehr viel Mühe, überhaupt noch Eltern als Fahrer für die Auswärtsspiele zu gewinnen. Die Jugendlichen sind sehr selbstständig und entsprechend wenig kümmern sich die Erziehungsberechtigten um sie.

Elternabend

Manche Vereine veranstalten keinen Elternabend. Dies kann ich nicht verstehen. Gerade bei Kindern muss ich versuchen, die Eltern auf meine Seite

---

12 Es soll nicht verschwiegen werden, dass ab der C-Jugend (etwa 13 Jahre) Nikolausfeiern und ähnliche Veranstaltungen sehr schwierig sein können. Ich habe oft schlechte Erfahrungen gemacht. Da werden Orangen zertrampelt oder Würstchen durch die Gegend geworfen, dem Nebensitzer Senf an den Hosenboden geschmiert, die Geschenktüte mit Inhalt im Lagerfeuer geschmort oder dem Nikolaus freche Antworten gegeben. Die Dunkelheit dient auch dazu, um erste Kontakte mit kichernden Mädchen aufzunehmen und mit Prahlereien, Aufschneiden, Boxereien oder sonstigem Produzieren typische männliche Verhaltensweisen zu erproben. Deswegen sollte man in dieser Altersklasse lieber mannschaftsweise getrennt ins Kino gehen oder ein Bundesligaspiel besuchen. Nikolausfeiern kommen offenbar sowieso aus der Mode.

zu bringen. Ein Elternabend ist dazu bestens geeignet. Im Übrigen kannst du als Trainer zwei Stunden lang deine Fachkompetenz demonstrieren. Das tut auch deinem Selbstbewusstsein gut. Zudem lernen die Eltern sich untereinander kennen, tun sich leichter im Umgang miteinander und organisieren ganz selbstständig untereinander die Fahrdienste. Du schilderst die Aktivitäten des Vereins, bittest um Mithilfe und Kuchenspenden, sodass auch das Vereinsleben von ihnen profitiert. Der Vereinsvorsitzende erfährt dann nebenbei, wer welche Firma besitzt und als Sponsor infrage kommt.

Das gegenseitige Kennenlernen schafft die Vertrauensbasis, die zwischen Eltern und Trainer notwendig ist. Erst ab etwa 14 bis 15 Jahren entscheidet ein Jugendlicher selbstständig, was er tun will, und setzt sich allmählich über die elterliche Meinung hinweg. Bis dahin müssen die Eltern hinter dir stehen und dem Sohn bzw. der Tochter kräftig auf die Finger klopfen, wenn diese keine Lust haben, ins Training zu gehen.

Ich habe schon Elternabende in Nebenzimmern von Gaststätten, im Vereinsheim oder auch bei mir zu Hause veranstaltet. Du stellst die Getränke und Knabbereien kostenlos zur Verfügung, schaffst ein angenehmes Gesprächsklima und dadurch die Grundlage für ein gutes Miteinander. Dann sind die vielen Kleinigkeiten (Trikots waschen, teure Knieschützer kaufen etc.) kein Problem und ganz nebenbei lernen die Erziehungsberechtigten die Rechte bzw. Pflichten im Handballbetrieb kennen. Ein Elternabend ist also ein sehr sinnvolles Unterfangen.

Die Eltern, deine Gegner

Die Kinder teilen

Merkwürdigerweise sind die Eltern der Handballkinder manchmal unsere schlimmsten Gegner. Wie ist das zu verstehen?

Die Spieler selbst möchten immer trainieren und immer spielen, sofern sie nach einiger Zeit begeistert dabei sind. Ihnen macht der Handball Spaß und sie möchten gerne dazulernen, gut spielen und viele Tore schießen. Handball ist ihr Spiel und ihnen persönlich sehr wichtig. Die Eltern dagegen meinen, der Besuch bei der Oma oder der achtzigste Geburtstag der Patentante, Kommunion / Konfirmation, der gemeinsame Familienurlaub in den Osterferien und dies oder das sei ja viel wichtiger als Handball. Und leider sind Eltern nun mal in der Lage, sich gegenüber ihren Kindern (und dem Trainer) durchzusetzen. Dann fehlt das Kind im Training oder am Wochenende, weil man zur Oma fahren muss. Ab und zu kommt es vor, dass der Spieler wegen seines Geburtstages oder eines Ausflugs in den Freizeitpark nicht da ist. Er wird vergeblich vorschlagen, die entsprechenden Aktivitäten zu verschieben. Daher ist es sehr wichtig, in Elternversammlungen auf die Interessen der Kinder hinzuweisen und außerdem frühzeitig Handballtermine bekannt zu geben. Wer sich am Anfang der Saison verpflichtet, in einer Handballmannschaft zu spielen, sollte auch alle Termine wahrnehmen und das Team nicht im Stich lassen.

Am Saisonanfang können Spiele noch leichter verlegt werden. Da die Oma immer am selben Tag Geburtstag hat, sollten also familiäre Verpflichtungen ein halbes Jahr im Voraus abgeklärt werden können.

Natürlich bleibt dies ein schwieriges Thema. Irgendwann kommen die lieben Eltern doch angeschlichen und beichten: „Wir haben leider vergessen, dass Großmama sich immer die Anwesenheit aller Enkel wünscht." Oder die Tochter hat zu Weihnachten von der gut meinenden Tante einen Skikurs an vier Wochenenden geschenkt bekommen, womit sie leider bei einigen Spielen fehlen wird. Zum Haareraufen! Hier hilft nur, über die Kinder Druck zu machen, öfter an die Eltern zu appellieren und zähneknirschend das Fehlen zu akzeptieren. Im Laufe der Zeit sollte sich die Termindisziplin aber verbessern.

Das Gerede über den Trainer

Es muss dir klar sein, dass über dich geredet wird. Als Führungsperson stehst du sozusagen im Lichte der Handballöffentlichkeit und dann gibt es immer ein Vorneherum sowie ein Hintenrum. Eltern reden natürlich mit anderen Eltern und sonstigen Vereinsmitgliedern über jeden Trainer. Je nach Sachverstand und handballerischer Erfahrung kann das in Ordnung sein, aber natürlich gibt es auch übles Getratsche. Der eine Coach schreie gleich cholerisch los, der andere erkläre alles fünfmal und die Kinder stehen nur gelangweilt herum, der dritte lasse nur Fußball spielen und mache immer lasches Training – so hat jeder sein Profil. Und daran wird fleißig gefeilt. Das geht bis zu der Farbe der Unterhosen. Trägt man dir solche Bemerkungen zu, dann musst du auf jeden Fall erst mal drüberstehen. Also das elterliche Geschwätz möglichst nicht beachten, die Kinder sind wichtiger.

Nicht immer kann man schlagfertig alles parieren. Aber manchmal klappt es doch. Auf die Bemerkung einer Mutter über mich „Der schreit im Training immer so viel herum!", konterte meine Co-Trainerin folgendermaßen: „Ein Trainer, der schreit, setzt sich durch. Und dann lernen die Spieler letzten Endes auch etwas!" Na ja, nicht jeder hat so eine Co-Trainerin wie ich.

Illusionen über das eigene Kind zerplatzen

Geben wir es offen zu: Eltern lieben ihre Kinder und möchten gerne auf sie stolz sein. Darum freuen sie sich auch, wenn ihr Sprössling so eifrig Handball spielt. Aber die Burschen und Mädchen werden größer, durchlaufen die Pubertät[13] und stehen plötzlich als Erwachsene vor uns. Das geht nicht ohne Reibungen ab. Besonders ab einem Lebensalter von etwa zehn Jahren werden Regeln und Verhaltensweisen angezweifelt und getestet. Normalerweise regelt dies die Mannschaft unter sich. Dennoch passieren manchmal Dinge wie Lügen, Diebstahl, Prügeleien, Drogen und sexuelle Entwicklung. Das alles sind Reizthemen und jede Familie handhabt diese anders.

Ein Spieler in der A-Jugend beklaute einmal seine Mannschaftskameraden in der Umkleidekabine. Nachdem man ihn überführt hatte, sprach die Mannschaft sich geschlossen dafür aus, ihm noch einmal eine Chance zu geben, falls die Diebstähle aufhörten. Es kamen keine mehr vor.

13 Nach einer Zeitungsmeldung (SÜDKURIER 21.03.2006, S. 14) teilt der Bielefelder Erziehungswissenschaftler Klaus Hurrelmann, Verfasser der Shell-Jugendstudie, mit, dass die Pubertät immer früher einsetze – bei mehr als 50 Prozent der Mädchen mit elfeinhalb Jahren und bei Jungen mit zwölfeinhalb. Von da an sei der Einfluss Gleichaltriger weitaus stärker.

Spätestens mit 14 Jahren wird auf einer Geburtstagsparty oder auch bei einem Handballturnier zum ersten Mal dem Alkohol kräftig zugesprochen. Die Auswirkungen auf die sportliche Leistung sind verheerend. Darum hast du das Recht, deine Spieler auf ein gesundes Maßhalten im Privatleben einzuschwören. Alkohol und Rauchen haben in einer Sporthalle nichts zu suchen, Erwachsene sind da leider oft keine Vorbilder. Ich will das hier aber nicht breit diskutieren.

Dass auch jüngere Kinder schon handfeste Lügen auftischen, jemandem obszöne Beschimpfungen an den Kopf werfen, Sachbeschädigungen verursachen oder sich massiv prügeln, kann vorkommen. Wenn du das in der Mannschaft in den Griff bekommst, ist alles gut. Aber wehe, etwas wird öffentlich. Dann fallen die Eltern aus allen Wolken und die erste Reaktion ist immer: „Mein Kind tut so etwas nicht!" Kinder sind nun einmal keine Engel, aber das wollen viele Väter und Mütter nicht wahrhaben. Dabei kann man diese Torheiten, Leichtsinnigkeiten, Streiche und im wahrsten Sinne des Wortes „Kindereien" mit klaren Worten eingrenzen und erzieherisch in den Griff bekommen. Aber Vorsicht: Rechne nicht mit dem Verständnis der Eltern.

Training in den Ferien

Viele Trainer lassen das Training in den Ferien ausfallen. Das ist zwar sehr bequem, muss aber nicht sein. Allerdings ist abzuwägen, in welchem Alter und in welcher Form man trainieren möchte. Je jünger die Kinder sind, auf desto größeres Unverständnis wirst du stoßen. „In den Ferien gehört das Kind der Familie und wir haben schon vieles geplant!", lauten die Begründungen. Trotzdem ist es überraschend, was alles möglich ist, wenn man sich kompromissbereit und flexibel zeigt. Stelle einfach das Training als „freiwilliges Angebot" dar und du wirst überrascht sein, dass doch 70 bis 90 Prozent der Spieler auftauchen. Noch besser sind Feriencamps, die dem Verein zusätzlich Geld in die Kasse bringen. Nur Mut zum Angebot!

Die Eltern vergessen oft, dass die Kinder in den Ferien beschäftigt werden müssen, und sind daher dankbar, wenn sie die Kinder gut versorgt wissen.

Die beste Ausbildung für mein Kind

Früher gab es mit den Eltern der 68er-Generation meist Meinungsver-schiedenheiten, was Disziplin, Ordnung und Leistung betraf. Danach kam die Generation der alleinerziehenden Mütter, welche bisweilen ihren Beruf auf Kosten des Kindes in den Vordergrund stellten und manchmal unbewusst Probleme schufen. Jeder Trainer kann eine Menge darüber erzählen, wie verstört Kinder und Jugendliche auf die Trennungen und Scheidungsgeschichten ihrer Eltern reagieren.[14] Das sind traurige Situa-tionen. Natürlich kannst du nicht die Ersatzmutter oder den Ersatzvater spielen. Man kann höchstens verständnisvoll reagieren und einen winzigen Teil zum Stabilisieren des Kindes beitragen.

Heutzutage hat eher ein auffallendes Anspruchsdenken um sich gegriffen. Verbreitet ist die Meinung: „Mein Kind braucht die allerbeste Ausbildung, die es bekommen kann." Und was man von der Schule, Universität oder Firma erwartet, wird auch auf das Freizeitvergnügen Handball übertragen. Dies führt zu der absurden Situation, dass der Verein nach langem Suchen endlich einen Nachwuchstrainer gefunden hat, manche Eltern ihn dann aber als „ungenügend" ablehnen, weil sie sich möglichst den fest angestell-ten Diplomsportlehrer wünschen. Über die Finanzierung macht man sich natürlich keine Gedanken. Dann sollte die Vereinsleitung hierzu ein klares Wort sprechen und die hochfliegenden Wünsche resolut zurückstutzen.

Hochgesteckte Erwartungen: Mein Sohn wird Nationalspieler

Ich habe einmal auf einem Elternabend den Fehler gemacht, darauf hin-zuweisen, dass sich in der aktuellen Jugendmannschaft leider kein zukünf-tiger Nationalspieler befinden würde. Die daraus entstehende Diskussion dauerte über eine Stunde, bis ich mich mit vielen Argumenten rechtferti-gen konnte.

14 Der Kölner Kinderpsychiater Manfred Döpfner berichtet, dass nach einer Studie der Kölner Universitätsklinik schon 29,5 % der befragten Elf- bis Siebzehnjährigen Angst ha-ben, ihre Eltern zu verlieren. (SÜDKURIER 21.03.2006, S. 14)

Ich bin der Meinung, Talente für die Nationalmannschaft kann man in der D-Jugend bereits erkennen. Ich habe einmal als Schiedsrichter den ehemaligen Bundesligaspieler Matthias Rauh in der D-Jugend erlebt. Er erzielte im entscheidenden Meisterschaftsspiel 13 Tore, verfügte über eine hervorragende Koordination, besaß ein tolles Spielverständnis, war sehr schnell und dazu absolut trickreich. Jeder Sachkundige konnte erkennen: Er war etwas Besonderes.

Nun bedeutet Talent nicht, dass der Spieler automatisch Karriere macht. Aber Talent zu haben ist natürlich die Voraussetzung, um eventuell ganz vorne zu landen.

Zum Talent müssen hinzukommen:
- der Wille, nach oben zu wollen;
- viel Training;
- fähige Jugendtrainer;
- Unterstützung durch die Eltern;
- keine schweren Verletzungen.

Manche Eltern erhoffen sich ganz arglos von ihrem Kind Wunderdinge, die überraschenderweise nicht eintreten. Und für sie steht dann schnell fest: Daran kann ja nur der Trainer schuld sein! Solch mangelnder Sachkenntnis ist schwierig abzuhelfen und Erklärungen erfordern viel Mühe. Am besten redest du lieber von kleinen Fortschritten und dass dir noch reichlich Arbeit bevorstehe, um aus der Mannschaft etwas zu machen. Und dass sie keine Nationalspieler werden, diese Bemerkung verkneifst du dir einfach!

Mein Kind spielt zu wenig!

Das traurigste Kapitel im Leben eines Trainers sind die Beeinflussungsversuche der Eltern durch die Vorwürfe, ihr Kind würde zu wenig spielen. Es ist doch selbstverständlich, dass zuerst die besten Spieler auflaufen und um den Sieg kämpfen. Ist der Vorsprung hoch genug oder liegt man aussichtslos weit hinten, werden natürlich die anderen schwächeren Spieler eingewechselt. Wer die Spielanteile nach dem Leistungsvermögen vergibt, wird richtig handeln. Ich habe einmal erlebt, wie ein Trainerkollege in der männlichen C-Jugend das Rotationsprinzip konsequent anwandte und alle fünf Minuten (!) einen Spieler der Reihe nach auswechselte. Die Folge war, dass die zwei besten Spieler mit dem Handball aufhörten. Sie fühlten sich benachteiligt. Schwierig ist es allerdings, das Leistungsvermögen den Eltern zu vermitteln (evtl. mit Statistikbogen). Wenn nach dem Spiel eine beleidigte Mutter ihr Kind aus der Halle zerrt und dabei dem Trainer wegen zu wenig Spielzeit wütend die Leviten liest, darfst du ruhig einen roten Kopf bekommen. Nach einer Phase der selbstkritischen Prüfung, ob du tatsächlich richtig ausgewechselt hast, sollte man allerdings Rückgrat beweisen. In jeder Mannschaft gibt es ein Leistungsgefälle und alle Kinder wissen das. Im Laufe der Zeit akzeptieren sie ihren Platz in der Reihe. Falls ein Vater dann weiterbohrt, auch wenn er vielleicht sogar der Leiter der hiesigen Sportredaktion ist, sollte man ihn klar in die Schranken weisen. Im Zweifel kann er es ja selbst einmal als Trainer besser machen.[15]

Problematisch ist lediglich der Fall, wenn ein Kind gar nicht gespielt hat. Als Entschuldigung gilt nur, wenn es ein knappes, sehr wichtiges Spiel war. Ansonsten muss man demjenigen versprechen (und natürlich das Versprechen halten), dass er im nächsten Spiel garantiert eingesetzt wird. Gespielt haben sollten immer alle.

Ausstieg

Erzwungenes Aufhören

Ein Kind merkt schnell, ob es gerne Handball spielt oder nicht. Spätestens nach zwei Monaten lichten sich die Reihen und der harte Kern bleibt übrig. Selten hört jemand wegen des Trainers auf. Ich habe aber schon Fälle erlebt, in denen beleidigte Mütter ihren Sohn in den Schwimmverein steckten, da ihrer Meinung nach dessen Leistung vom Trainer nicht richtig gewürdigt wurde.

---

15 Ein besonders schwieriges Kapitel ist das Verhältnis des Trainers zum eigenen Sohn bzw. der eigenen Tochter. Entweder ist dieser zu nachsichtig und bevorzugt ihn/sie sogar, dann gibt es sofort bissige Bemerkungen der Mitspieler und Unruhe bei den Eltern. Oder man ist zu streng, was zwar das Eltern-Kind-Verhältnis verschlechtert, aber ansonsten doch den besseren Weg darstellt. Als Vater musste ich das mehrmals dem Sohn auf der Heimfahrt erklären und mit einem Besuch am Tankstellenkiosk wiedergutmachen.

Manchmal verhalten sich Eltern ungeschickt. So fehlte ein guter Spieler zweimal ohne ersichtlichen Grund bei Heimspielen. Nach intensivem Nachforschen stellte sich heraus, dass er sein Zimmer nicht aufgeräumt hatte und deshalb nicht weg durfte. Der Gesichtsverlust war zu groß, das Kind wechselte die Sportart. Ein anderer Spieler wurde von den Eltern vor die Wahl gestellt, sich auf eine Sportart zu beschränken: Handball oder Leichtathletik. Da gerade im Frühling die Handballsaison zu Ende ging, entschied er sich natürlich gegen den Hallensport. In einem anderen Fall rief mich eine Mutter entschlossen an, sie würde ihren Sohn jetzt vierzehn Tage nicht mehr ins Training bzw. zu den Spielen lassen. Er hätte so viele Probleme in der Schule mit einer Lehrerin, dass sie jetzt auf dieses letzte Mittel zurückgreifen müsse. Nach viel gutem Zureden konnten wir den Spieler mit knapper Not halten.

Gerade der letzte Fall zeigt, dass die Schule Vorrang besitzt – vielleicht sieht das Kind dies anders, nicht aber die Eltern und der Trainer. Schule ist für das Leben zu wichtig und geht vor – Punktum. Da kannst du nichts machen. Aber Handball kommt gleich an zweiter Stelle. Und dann lange nichts mehr ...

Keine Lust mehr

Manchmal – z.B. nach den Ferien – ruft eine Mutter verzweifelt an und erzählt, ihr Sohn hätte keine Lust mehr und wolle nicht mehr ins Handballtraining gehen. Alles gute Zureden helfe nichts, der Sohn verweigere sich völlig. Tatsächlich bleibt dann den Eltern und dem Trainer nichts anderes übrig, als diesen Totalausstieg zu akzeptieren. Vor allem Kinder, die den Sprung unter die ersten sieben nicht schaffen, steigen aus. Wichtig ist zu erkennen, dass die pauschale Begründung „keine Lust mehr" dem Kind als unverfängliches Argument dient, um sich selbst zu schützen. Es will sein mangelndes Leistungsvermögen verbergen und greift zu dieser Formulierung. Es wäre wirklich zu viel verlangt, von ihm in diesem Alter ein präzises Schildern seines „Scheiterns" und eine genaue Angabe von Gründen zu erwarten.

Es ist schon wahr: Immer wieder kommt es im Handball zu Verletzungen. Als Trainer tut man gut daran, Kältekompressen oder Eisspray in Reichweite zu haben. Besonders bei den Spielen muss so etwas griffbereit sein. Prellungen, Stauchungen und Überdehnungen sollten zur Schmerzlinderung sofort mit viel kaltem Wasser behandelt, blutige Kratzer und Abschürfungen mit Pflaster erstversorgt werden.

Sehr selten begegnet man Wachstumsproblemen oder Verletzungen, die das längerfristige Aussetzen eines Kindes nötig machen. Manchmal (z.B. nach einem Kreuzbandriss oder einer Daumengelenksverschiebung) hat dies den endgültigen Ausstieg zur Folge. Hier muss man mit den Eltern zusammenarbeiten[16] und die Gesundheit des Kindes in den Vordergrund stellen, so hart es einen manchmal trifft, gerade wenn es dann noch dein bester Spieler ist.

Rauswurf oder Sozialarbeit

Ich habe in meiner Trainerlaufbahn aus sozialen Gründen insgesamt zwei Spieler rauswerfen müssen, wohlgemerkt aus Erwachsenenmannschaften. Dabei spielten nicht mangelnde sportliche Leistungen, sondern unerträgliche Verhaltensweisen die Hauptrolle. Solche Störenfriede können auch in Jugendmannschaften auftauchen. Während man von Erwachsenen verlangen kann, dass sie auch mit unbeliebten Mitspielern auskommen, äußert sich diese Problematik bei Kindern anders. Hier treten die Konflikte unmittelbar ans Tageslicht, und zwar durch lautstarke Streitereien oder sogar handfeste Prügeleien. Man muss sich dann fragen, ob die Ursachen außerhalb oder innerhalb vom Handballbetrieb liegen. Oft sind schulische

---

16 Leider erzählen die Eltern nicht alle Fehler und Gebrechen ihrer Sprösslinge. So erlebte ich, dass ein Spieler auf einmal den Ball der gegnerischen Mannschaft zuwarf. Er litt unter einer speziellen Farbenblindheit und zufällig trugen die beiden Mannschaften bei diesem Spiel Trikots in den betreffenden Farben. Eine andere Mutter erzählte mir noch schnell vor der Abfahrt zu einem Turnier unter vier Augen, ihr Sohn würde in Ohnmacht fallen, wenn er Blut sähe. Tatsächlich schürfte er sich wenig später den Unterarm auf, sah hin und war weggetreten. Wenn ich das nicht noch erfahren hätte, wer weiß, ob meine Reaktion dem Kind gegenüber angemessen gewesen wäre ...

oder familiäre Probleme zu finden. Es kann nur dort Abhilfe geschaffen werden, wo sie entstanden sind – wenn überhaupt. Die Rückkopplung mit den Eltern sollte sofort erfolgen, und zwar möglichst schnell. Sonst besteht die Gefahr, dass du einen Spieler ungerecht behandelst oder dass Konflikte weiterschwelen, welche die anderen Eltern auf den Plan rufen. Ein Telefonanruf kostet nicht viel Mühe und klärt schnell die Fronten. Eltern sind dankbar, wenn sie sehen, der Trainer kümmert sich um ihr Kind bzw. macht sich Sorgen. Normalerweise ziehst du als Coach, wenn die Ursachen außerhalb des Teams liegen, deinen Spieler mit. Denn du willst ihn ja nicht verlieren. Es ist dann eher der Fall, dass die Eltern das Kind aus dem Handballbetrieb nehmen.

Liegen die Ursachen in der Mannschaft, musst du als Trainer die Nerven behalten. Viele Situationen klären sich nach einiger Zeit von alleine, indem ein Spieler einfach wegbleibt. Oft wendet sich auch die gesamte Mannschaft gegen einen Störenfried („Diese Motzkiste geht mir auf den Keks!") und schließt ihn aus. Dann will niemand mehr mit ihm zusammenspielen, beim Aufwärmen bleibt er übrig oder holt sich lautstark einen bedauernswerten kleineren Mitspieler. Ob dieser Spieler nun Leistungsträger ist oder nicht, ist egal. Irgendwann ist das Maß voll. Dann fragst du vorsichtig bei den Eltern an, ob „der Florian sich noch in der Mannschaft wohlfühlt" oder was denn los sei. Meist klären sich so schnell die Fronten und die Eltern entscheiden sich dafür, ihren Nachwuchs eine andere Sportart ausprobieren zu lassen.

Manchmal wirkt sich die Versetzung in eine andere Mannschaft der höheren Altersstufe positiv aus. Die älteren Spieler stauchen den Gernegroß schnell zusammen und er wird sich hoffentlich viel bescheidener im neuen Team aufführen. Einen Versuch wäre es vielleicht wert.

Bei sehr problematischen Charakteren musst du dich entscheiden, ob du Sozialarbeit leisten willst oder nicht. Ich habe zwei Trainerkollegen erlebt, welche mit Spätaussiedlerkindern je eine Handballmannschaft gegründet und dies jahrelang durchgezogen haben.
Ich könnte das nicht. Weder besitze ich die dazu nötige Ausbildung noch den Idealismus, um als Sozialpädagoge wirken zu können.

Bei einzelnen Kindern ist zu überlegen, ob sie integrierbar sind oder nicht.[17] Dies ist von Kind zu Kind und von Mannschaft zu Mannschaft unterschiedlich. Ein Team aus Gymnasiasten wird sich z. B. schwerertun mit einem Russlanddeutschen als ein sozial gemischtes Team.

Ich gehe aber grundsätzlich davon aus, dass meine Spieler am Training aktiv teilnehmen und etwas lernen wollen. Strengen sie sich an, bekommen sie beim misslungenen Versuch einen erklärenden Tadel und bei Fortschritten ein angemessenes Lob. So versucht man, sie positiv aufzubauen. Manche Kinder müssen jedoch immer auf sich aufmerksam machen, sei es, indem sie einem anderen den Fuß stellen, dessen Ball wegwerfen, ihn anrempeln, beschimpfen oder überhaupt mit dummen Zwischenrufen auffallen. Sind diese Verhaltensweisen, nämlich „negative Aufmerksamkeit" durch Stören zu erhalten, sehr ausgeprägt, wird Sozialarbeit notwendig. Und dann muss jeder selbst überlegen, ob er dies leisten kann und will. Die einzigen Druckmittel sind für den Trainer zeitweiliges Ausschließen vom Training oder Nicht-spielen-Lassen beim Meisterschaftsspiel. Doch endlose Gespräche mit auffälligen Kindern haben nach einiger Zeit keinen Sinn mehr. Es müssen schließlich alle an einem Strang in Richtung des sportlichen Erfolgs ziehen.
Ich versuche normalerweise, mein Team so anzuspornen: „Ich möchte eine Mannschaft haben, die mitzieht!"
Oder ich betone: „Das ist Training für euch, nicht für mich! Ihr wollt besser werden, also strengt euch an!" Und dann sollte man bei den Spielern ebenfalls etwas spüren.

17 Tatsächlich gab es bei mir auch manchmal Probleme bei Kindern mit Migrationshintergrund. Einzelne Spieler waren integrierbar, mehrere als Gruppe aber nie. Dann wurden z.B. Pornofilme auf dem Handy den jüngeren Spielern vorgeführt oder Nacktfotos unter der Dusche geschossen, welche anschließend auf dem Schulhof herumgezeigt wurden. In diesen Fällen entschloss sich die Vereinsleitung zur Aufforderung, den Verein sofort zu verlassen. Schwierigkeiten mit einem elfjährigen ADHS-Jungen im Fußballverein schildert der Artikel von Charlotte Frank „Die Wut zum Leben" in der Süddeutschen Zeitung, 4. Dezember 2012, S. 10. Guido Bohsem berichtet in der SZ (30.01.2013, S.6) zum Problem ADHS: „Am häufigsten wurden Kinder im Alter von elf Jahren mit Ritalin behandelt. Insgesamt erhielten 336.000 Patienten das Medikament."
Einige allgemeine Hinweise zur Integrationskraft von Vereinen finden sich z.B. in dem Interview mit Richard Traunmüller „Schüler in Vereinen haben die besseren Noten". (SÜDKURIER 16.10.2008, S. 19)

Aus dem Alltag eines Trainers

Vor und nach dem Training

Fehlen im Training

Mit den Eltern bzw. den Kindern ist zu vereinbaren, dass beim Fehlen eines Spielers im Training (und natürlich auch bei den Spielen) immer vorher dem Trainer Bescheid gesagt wird. Zahlreiche Absagen machen bestimmte Übungsvorhaben zunichte. Du kannst kein Kreisläufertraining veranstalten, wenn deine Kreisläufer fehlen. Und mannschaftstaktische Schulungen fallen bei nur fünf Teilnehmern selbstverständlich flach.

Das Entschuldigen durch einen Mitspieler zu Beginn des Trainings ist zwar informativ, genügt aber nicht. Am besten entschuldigt sich das Kind telefonisch selbst und schickt keinen anderen vor. Kurzfristige telefonische Absagen 30 Minuten vor dem Training wegen Krankheit, Verletzungen im Schulsport und Ähnlichem passieren immer wieder und sind leider nicht zu verhindern. Da darfst du dich nicht ärgern, das gehört zum Trainerleben dazu.

Trainingsbeginn

In der F-Jugend werden die Kinder meistens zur Halle gebracht und irgendeine Mutter wartet pflichtbewusst so lange, bis der Trainer eingetroffen ist. Er könnte ja auch mal nicht erscheinen und dann wäre das Kind womöglich unbeaufsichtigt. Diese Mutter fungiert als nette Aufsichtsperson und verhindert allein schon durch ihre Anwesenheit die schlimmsten Auswüchse. Bestärke dies mit dankbaren Worten oder bitte darum, dass überhaupt jemand von den Eltern sich dazu bereitfindet.
In der E-Jugend kommen die Jungs meistens grüppchenweise an („ich und mein Freund Lucas"). Manchmal wird schon das Fahrrad benutzt. Der Trainer muss auf jeden Fall so rechtzeitig vor der Halle eintreffen, dass die unbeaufsichtigten Kinder dort keine Massenrauferei, Steinewerfen oder

anderes veranstalten können, sondern von vornherein unter Kontrolle sind.[18] Manchmal ist die Halle vor dem Training nicht belegt und leer, was manche ausnutzen und eine Stunde früher erscheinen. Dann wird munter drauflos gebolzt und Unsinn gemacht, es ist ja noch keiner da.

Beliebt sind Streiche gegenüber anderen Mannschaften. Manchmal wird die Sporttasche versteckt, der Ball ins Klo gestopft oder die Sportschuhe werden in der Dusche unter Wasser gesetzt.

Ein Vater beschwerte sich einmal bei mir: „Mir ist es ja egal, wenn seine Turnschuhe mal nass sind. Die trocknen wieder. Aber klebrigen Orangensaft reinzuschütten, das ist doch die Höhe! Das geht zu weit." Bei solchen Phänomenen sollte man das Gespräch mit dem anderen Trainer suchen und ein klares Verbot für derlei Blödsinn aussprechen. Häufen sich die Vorfälle, sollten beide Mannschaften gemeinsam die Situation besprechen. Oft schaut man auch fasziniert dem vorhergehenden Training der Mädchen bzw. Jungs zu. Das andere Geschlecht übt bereits eine gewisse Anziehungskraft aus. Während bis in die D-Jugend hinein jedoch nur wechselseitig abgelästert und geblödelt wird, wandelt sich dies schnell und das gemeinsame Händchenhalten beginnt.

Beliebt ist auch, vor dem Training in der vorhergehenden Trainingseinheit einen freien Torraum zu nutzen. Während also die Übung noch läuft, schießt man fröhlich hinter dem Rücken des anderen Coachs auf das Tor. Auch hier gilt die klare Regel: Niemand stört das vorangehende Training, alle setzen sich erst mal auf die Bank und warten.

Eine klare Absprache mit den Eltern („Bitte 15 Minuten vor 16.00 Uhr da sein, nicht früher und nicht später!") hilft dem Trainer und den Kindern. Die Sporthalle darf normalerweise erst betreten werden, wenn die verantwortliche Aufsichtsperson anwesend ist.

Auch das Umziehen in der Umkleidekabine sollte ab und zu beaufsichtigt werden. Der Trainer muss bereits umgezogen erscheinen oder sich in einer

---

18 Recht selten sind Streiche gegenüber dem Trainer. Wird jedoch der Scheibenwischer am Auto verbogen oder die Luft aus den Fahrradreifen gelassen, muss man die Grenzen aufzeigen, wo die Sachbeschädigung anfängt und der Ärger zu groß wird. Dann sollte man ruhig die Konsequenzen („Ich lasse euch ja auch nicht die Luft aus den Reifen! Ich habe absolut keine Lust, eine Mannschaft zu trainieren, die so mit ihrem Trainer umgeht!") ansprechen bzw. mit dem Missetäter ein ernstes persönliches Gespräch führen.

anderen Kabine umkleiden. Das Nacktsein vor den Kindern sollte aufgrund des Schamgefühls, und um Missverständnisse erst gar nicht entstehen zu lassen, unbedingt vermieden werden.

Pünktlicher Trainingsbeginn ist selbstverständlich. Es hilft eigentlich nur eines gegen das Zuspätkommen, nämlich der freundliche Hinweis, dass am Trainingsanfang wichtige Dinge (z.B. wer spielen darf am Sonntag) besprochen werden. Kommt jemand zu spät, ist dies ein Alarmzeichen und muss geklärt werden. Ein Telefonanruf bei den Eltern gibt dann Klarheit, dass Nachhilfestunden, Musikunterricht, Theater-AG, Aufpassen auf die kleine Schwester, Kranksein, zu viele Hausaufgaben oder aber auch Unlust bzw. Ärger mit den Mannschaftskollegen der Grund war.

Krank sein

Wer Fieber hat, darf keinesfalls mittrainieren oder beim Meisterschaftsspiel mitspielen. Es muss entschieden werden, ob der Spieler sofort oder erst nach dem Training nach Hause gehen kann. Kleinere Blessuren (verstauchte Finger, geprellte Schienbeine) werden immer sofort mit kaltem Wasser in der Umkleidekabine oder der Dusche behandelt. Der Trainer muss sich ohne Verzögerung um ein weinendes oder das Gesicht vor Schmerz verziehendes Kind kümmern. Ein Spiel oder eine Übung ist dann schnellstens zu unterbrechen. Die restlichen Spieler werden auf die Bank geschickt. Der Trainer führt den Verletzten zum kalten Wasser und sorgt für tröstende Worte. Bei Nasenbluten wird der Betroffene für einige Minuten aus dem Verkehr gezogen und legt sich mit nassem Handtuch im Genick auf eine Langbank. Oft reicht schon ein Nasenstöpsel aus Toilettenpapier oder ein Papiertaschentuch. Manchmal hilft auch Akupressur an entsprechenden Punkten. Nasenbluten kommt im Alter von neun bis elf Jahren häufig vor.

Während erwachsene Spieler oft mit leichteren Blessuren spielen und somit schnell Raubbau an ihrer Gesundheit treiben, darf dies bei Kindern nicht passieren. Selbst angelegte Tapeverbände sollten sich auf „psychologische Stützen" beschränken, ansonsten sind sie dem Arzt oder Physiotherapeuten vorbehalten. Verletzungen, besonders „Grünholzbrüche", müssen auf jeden Fall vollständig auskuriert sein.

Noch ein Tipp: In einem bestimmten Alter (meist zwischen acht und zehn Jahren) halten die Kinder lange Autofahrten bei Auswärtsspielen nicht aus und müssen sich erbrechen. Plane also genügend Zeit zur Anfahrt ein und lege unterwegs einige kurze Pausen ein. Das hilft!

Wachstumsprobleme

Kindern entwickeln sich nicht gleichmäßig, sondern in Schüben. Entsprechend sind Wachstumsprobleme an Fußgelenken, Knien oder am Rücken, verbunden mit Schmerzen, vorprogrammiert. Stützbandagen und Schonung können helfen. Fällt dir auf, dass ein Kind Schmerzen hat, dann suche das Gespräch mit den Eltern und empfiehl ihnen einen guten Sportorthopäden. Es sollte nicht unbedingt der in Sekunden fit spritzende Sportarzt der ersten Mannschaft sein. Knie- und Ellenbogenschützer sowie ein Suspensorium (auch Unterleibsschutz oder bei den Jungs „Eierbecher" genannt) ab der D-Jugend beim Torwart sind sinnvolle, schützende Investitionen. Das Anziehen muss allerdings immer wieder kontrolliert werden.

Nach dem Training

Der Trainer verlässt die Halle erst, wenn alle Kinder gegangen sind. Selbstverständlich werden die Kinder in der F-Jugend gebracht und wieder abgeholt, in der E-Jugend hört dies nach und nach auf. Notfalls sind Fahrgemeinschaften zu organisieren. Auswärtige Spieler müssen im Auge behalten werden, dass sie auch wirklich abgeholt werden. Rede nach dem Training noch einmal kurz mit den Kindern. Weise auf organisatorische Dinge hin und teile jetzt erst die Zettel für die Eltern aus. Besser ist es, die Notizen den anwesenden Eltern sofort in die Hand zu drücken. Hast du die einzelnen Namen auf die Zettel geschrieben, kannst du an den übrig gebliebenen Exemplaren sofort sehen, wer noch kein Blatt erhalten hat.

Duschen oder nicht duschen?

Duschen in der Halle nach dem Spiel bzw. Training ist bei den jüngeren Kindern nicht drin. Das fängt erst in der C-Jugend an. Eventuell duschen einzelne ganz Mutige auf Druck der Eltern schon in der D-Jugend, dann aber mit festgezurrtem Handtuch um die Hüften und möglicherweise angezogener Unterhose. Wenn manche Eltern das Duschen erzwingen wollen, lass ihnen ihren Willen. Daraus darf aber kein allgemeiner Duschzwang entstehen.

Der Trainer sollte übrigens auf gar keinen Fall mit den Kindern zusammen duschen. Das Nacktsein ist aus vielen Gründen problembehaftet, kann schnell zu Missverständnissen mit juristischen Folgen führen und ist daher absolut zu vermeiden. Die Zeiten sind vorbei, in denen es als fortschrittlich galt, wenn Männlein und Weiblein nach dem Training zusammen nackt duschten. Der Handballclub ist wahrlich kein Verein zur Förderung der Freikörperkultur. Ansonsten sollte Eltern und Kindern klargemacht werden, dass der Trainer bei Gefahr im Verzug die Umkleidekabine und die Duschen jederzeit betreten darf, schließlich trägt er die Verantwortung für das ganze Geschehen.

Musik – ja oder nein?

Nach dem Kofferradio kamen der Walkman und der iPod, irgendwann wird die nächste Berieselungsmaschine auftauchen – Musik kann sehr beliebt sein. Meist wird dies erst ab der B-Jugend ein Reizthema, dafür geht es dann mit großer Leidenschaft zur Sache. Viele Jugendliche versichern dir glaubhaft, dass sie sich mit irgendwelcher Rockmusik viel besser aufwärmen können. Dann dauert es nicht mehr lange und vor bzw. nach dem Training dröhnt es mit voller Lautstärke aus der Umkleidekabine.

Hier gilt es, rechtzeitig den Riegel vorzuschieben. Die persönlichen Vorlieben gehen viel zu weit auseinander, als dass sich Musikstücke finden ließen, bei denen es gemeinsam „voll abgeht". Ich spiele gezielt Musik als Belohnung beim Aufwärmen über die Hallenanlage ein und bei Gemecker oder Streitereien setzt sich eben ausschließlich der Musikgeschmack des Trainers durch. Ansonsten wird konzentriert trainiert und das ist auch ohne Musik möglich. Das Training ist kein Rockfestival!

Diebstahl in der Halle

Leider sind die Sporthallen nicht gesichert. Daher kommt es immer wieder zu Diebstählen in den Umkleidekabinen. Meistens fängt es damit an, dass unbekannte Zuschauer in den Gängen oder auf der Tribüne auftauchen, um erst mal die Lage zu peilen. Wenn du dies bemerkst, sprich den oder die Betreffenden an und finde heraus, wer das ist. Frage auch deine Spieler, ob sie bekannt sind. Unbekannte müssen konsequent sofort der Halle verwiesen werden. Du hast als Hallenverantwortlicher juristisch gesehen das Hausrecht und darfst dies tun. Sei nicht gutmütig, es rächt sich ganz schnell. Außerdem ist es besser, wenn der Zugang zu den Umkleidekabinen und Zuschauerrängen gesperrt werden kann.

Alle Jahre wieder verschwinden doch einmal Wertsachen, Geldbeutel, Mobiltelefone, Schmuck, Uhren, Jacken oder schicke T-Shirts aus den Umziehräumen, weil nicht aufgepasst wurde. Gewöhne die Kinder daran, alles Wertvolle entweder bei dir abzugeben oder ab der E-Jugend selbstverantwortlich alles Wichtige in der Sporttasche mit in die Halle zu nehmen. Gelegenheit macht Diebe und die sollte man nicht bieten. Du musst auch unbedingt die Eltern auf die Diebstahlgefahr hinweisen. Ist doch mal etwas passiert, müssen der Vereinsvorstand, der Hausmeister und die anderen Mannschaften informiert werden. Die Polizei wird in den seltensten Fällen die geklauten Dinge wiederbeschaffen können.

Allgemeines Gruppenverhalten in bestimmten Altersstufen

Gruppendynamik I E-Jug.: „Ich und mein Freund Florian.“

In der E-Jugend muss besonders das Mein-Freund-Denken umgelenkt werden. Deswegen sind häufige Hinweise auf die Mannschaft als Ganzes („Wir gehören alle zu einer Mannschaft!“) angebracht. Auffällig ist der Pass zum besten Freund, auch wenn er von drei Gegnern gedeckt ist. Angespielt wird daher nicht der beste Freund, sondern wer freisteht. Oft kann man mehrere Freundeskreise feststellen, welche entsprechend in Grüppchen zum Training eintreffen. Dies ist nicht schlimm, sollte aber ab und zu durch betont kooperative Übungsformen korrigiert werden (siehe entsprechende Spielesammlungen[19]. Beispielsweise können sich alle beim Aufwärmen gemeinsam an den Händen fassen, ein Treueschwur mit

---

19 Z.B. Ulrich Vohland, „Neue Spiele für draußen und drinnen“, Köln 1988 oder Jim Deacove „Spiele ohne Tränen“, Ettlingen 1981.

starken Sprüchen vor dem Spiel ist möglich oder der Trainer stellt gezielt Übungsgruppen zusammen, die die Freundesgrüppchen durchbrechen.

Gruppendynamik II E-Jug.: „Hier, ich bin frei!"

In der E-Jugend muss ebenfalls das Hier-Geschrei unterbunden werden. In der F-Jugend war es noch, wenn man freistand, sehr nützlich, den Mannschaftskameraden lautstark auf sich aufmerksam zu machen. Jetzt wird dies immer mehr bestraft, da durch die geistige Weiterentwicklung der Kinder der Gegner jetzt auf diese Zurufe reagiert, schnell den vermeintlich freien Rufer abdeckt oder in den Pass hineinläuft. Die Folgen sind Ballverluste. Wenn ein Mitspieler frei ist, muss dies von alleine erkannt und durch entsprechende Spiele geschult werden (z.B. Parteiball-Varianten). Nur in glasklaren Situationen darf noch gebrüllt werden. Oder man streckt alternativ den Arm hoch. Zu unterscheiden sind Zurufe freistehender Kameraden oder allzu selbstbewusster Spieler, die schlichtweg den Ball für sich haben wollen. Gute Spieler werden natürlich bevorzugt und wollen angespielt werden, da sie für Tore sorgen können. Entsprechend lautstark fordern sie immer wieder von jedem den Ball. Das kann aber nicht der Sinn der Sache bei einer Mannschaftssportart sein. Wenn jeder nach einiger Zeit so gut ausgebildet ist, dass er sicher ein Tor wirft, dann muss die Konzentration auf die Starspieler aufhören.

Gruppendynamik I D-Jug.: Grenzen austesten

In der D-Jugend entwickelt sich die kindliche Persönlichkeit sehr stark. Die Kinder sind selbstständiger und selbstbewusster (Übergang zum Gymnasium etc.). Typischerweise werden alle Regeln ausgetestet. Dies ist nicht böswillig gemeint, sondern man muss das einfach mal ausprobieren. Problematischer sind kleine Rangeleien und Gereiztheiten, die in kurze Kraftakte ausarten („Der Jonas hat mir das Bein gestellt und dann habe ich ihm eine reingeboxt!"). Es ist das Kindesalter, in welchem der größte Unsinn fabriziert wird. Der Fantasie, welche Streiche gespielt werden, sind keine Grenzen gesetzt („Heute verstecken wir mal die Unterhose oder das Fahrrad vom Trainer!" Alles schon erlebt!). Wichtig ist es, Aufschaukelungen rechtzeitig zu unterbinden.

Beispiel: Scherzhaft entsorgt einer einen Turnschuh im Papierkorb („Puh, der stinkt aber!"). Der betroffene Spieler versteckt wiederum die Sporttasche des Verursachers vor der Halle, dieser wirft danach den zweiten Sportschuh auf das Dach usw.

Gruppendynamik II D-Jug.: Die Regeln sind nicht absolut

Im zweiten Jahr der D-Jugend weiß man schon, dass der Schiedsrichter nicht alle Fouls pfeift und es auf der Welt nicht immer gerecht zugeht. Entsprechend fängt das Täuschen und Tricksen an. Besonders verbal wird der Mitspieler attackiert und lautstark die abweichende Meinung kundgetan: „Das war doch nie ein Siebenmeter!" Verhänge dann konsequent Zwei-Minuten-Strafen im Training. Es darf nicht bei der ernst gemeinten, aber folgenlosen Bemerkung „Das wären jetzt zwei Minuten gewesen" bleiben, sondern die Herrschaften gehen sofort auf das Sünderbänkchen. Wie lange die zwei Minuten dann dauern, kann der Trainer durchaus flexibel entscheiden (kürzer oder länger).

Lass versuchsweise auch den Schreier einmal Schiedsrichter bei einem Spiel sein, sodass er das Meutern und Meckern der Kameraden an seinen eigenen Entscheidungen miterleben kann. Teile allmählich den Spielern mehr Verantwortung zu. Lass beispielsweise durch einen Spieler (abwechseln!) zwei Mannschaften aufstellen, wobei die Aufteilung als gerecht anerkannt werden muss (Aushandeln und Austauschen zulassen). Achte beim Aufräumen der Geräte darauf, dass bekannte Drückeberger gezielt Aufgaben erledigen müssen. Sprich sie mit ihrem Namen an, verkünde ihre Aufgabe und warte geduldig, bis sie erledigt ist. Bei den Handballübungen sollen die Spieler das Startsignal selbst geben und nicht immer der Trainer.

Gruppendynamik III D-Jug.: Der alternde Star

Ein durchaus häufiger auftretendes Problem ist der Starspieler, welcher mit fortschreitendem Alter seine herausragenden Fähigkeiten verliert. Zum Beispiel ist dies einmal der kleine, wendige, koordinativ hoch entwickelte Spieler (in der E-Jugend), der im Wachstum stehen bleibt und sich gegenüber den kräftigeren, schnelleren Kameraden nach zwei Jahren nicht mehr durchsetzen kann. Oder etwa der kräftige, große, aus dem Stand werfende Bomber, dem nach zwei Jahren das Übergewicht enorm zu schaffen macht, der deswegen immer langsamer zurückläuft, beim Sprungwurf nur noch drei Zentimeter hochspringt und schließlich an den Kreis abgeschoben werden muss, wo seine fehlende Beweglichkeit nicht so auffällt. Beide Typen kommen vor.

Diese ihre herausragenden Fähigkeiten verlierenden Spieler können zu großen Unruhestiftern werden, da sie nicht mehr die meisten Tore werfen und im Mittelmaß versinken. Besonders die Eltern unterstellen dann, dass der Trainer unfähig sei und ihr Kind sich in diesem Jahr nicht weiterentwickelt habe. Hier helfen nur das Gespräch mit den Eltern und klare Worte über den sich verschlechternden Leistungszustand.

Einzelprobleme während des Trainings

Der Kasper

Wer herumkaspert, darf sich auf die Bank oder an der Hallenwand (ohne Ball) auf den Boden setzen und schaut zwei bis zehn Minuten zu. „Trainingsentzug" ist die einfachste und wirksamste Bestrafung. Bei einer problematischen Mannschaft mit mehreren Kaspern habe ich einmal das Drei-Verwarnungen-System eingeführt. Wer nach einigen Ermahnungen drei Verwarnungen kassiert hatte, sollte nach Hause gehen. Tatsächlich wurde das System überflüssig, nachdem ich einige Verwarnungen ausgesprochen hatte und die Kinder merkten, dass ich es ernst meinte.

Allgemeine Unruhe

In der Schweiz gibt es, wenn die allgemeine Unruhe unter den Spielern zu groß wird, als pädagogische Maßnahme das Rundenlaufen. Du stellst einfach vier Stangen oder Hütchen im Quadrat auf und lässt die Rasselbande fünf Minuten lang außen herum laufen. Legt sich die Aufsässigkeit nicht, kann eine Verlängerung oder Wiederholung vorgenommen werden. Diese Bestimmung darf durch dich durchaus auch in deutschen Landen nach entsprechender Ankündigung ihre Anwendung finden.[20]

Sofortkorrektur

Versuche, den Bewegungsablauf klar darzustellen. Erkläre dein Anliegen auch mit anderen Worten nochmals, bis du sicher bist, dass jeder die verlangte Übung verstanden hat. Greife konsequent durch, wenn ein Spieler sich nicht an die Anweisungen hält oder unkonzentriert ist. Wenn er nach seiner zweiten Chance immer noch nicht funktioniert, hole ihn zu dir und wiederhole ausführlich die Aufgabe. Dann lasse ihn die Übung vor versammelter Mannschaft vormachen (auch gern zweimal), bis es klappt oder es völlig aussichtslos ist.

Aggressionen

Brechen beispielsweise beim Aufwärmspiel Aggressionen aus und geraten zwei Spieler aneinander, unterbrich die Partie und beordere erst mal alle auf die Bank. Ist der Vorfall bedenklich, muss eine Entschuldigung vom Verursacher gefordert werden. Bei ernsten Ausrastern wird das Spiel ganz abgebrochen und die nächsten zwei Wochen eben kein Fußball gespielt. Dann darf freilich der Hinweis nicht fehlen: „Ihr habt euch ja geprügelt beim Fußball, also lassen wir das erst mal bleiben!"

Drückeberger

Es gibt manchmal Spieler, welche schon beim Aufwärmen kleine Wehwehchen haben („Mein Fuß tut weh!" oder „Ich habe mir den Finger verstaucht!"), aber später beim Spiel gegeneinander topfit sind. Als Erstes sollte geklärt werden, ob der Betroffene wirklich verletzt ist. Er muss klar vor eine Alternative gestellt werden („Entweder du gehst jetzt heim, wenn

20 Gute pädagogische Hinweise und Ratschläge gibt es in Armin Emrich „Spielend Handball lernen in Schule und Verein", Wiebelsheim 2007 (5. Auflage).

du verletzt bist, oder du machst mit!"). Wer sich nicht klar äußert oder geschont werden muss, darf konsequenterweise auf der Bank sitzen und dies natürlich auch beim Spiel am Schluss.

Trotz Fehlen spielen wollen

Genauso muss das Nichtteilnehmen am Training angesprochen werden. Trotz Fehlen glauben manche Spieler, sie hätten einen Stammplatz in der Mannschaft sicher. Sprich die Problematik vor einem Spiel an. Lass – wenn sportlich möglich – einen anderen Spieler unter den ersten sieben auflaufen oder wechsle den Betreffenden als Ersten aus. Er soll ruhig etwas Druck spüren. Entweder zieht er dann mit oder steigt irgendwann aus. Aber die Teilnahme am Training ist einfach die Grundlage von allem.

Spielbetrieb

Spielplan und Spielerliste

Um nicht in irgendwelche bürokratische Fallen zu tappen, muss ich mich in Vorschriften und Satzungen hineinknien. Normalerweise reicht ein Durchgang von oben nach unten, im Extremfall also vom Weltverband bis zum kleinsten Bezirk, aber dann muss es gründlich sein. Welche Formulare sind auszufüllen, wie sieht es mit der Lizenz aus, wann darf ein Jugendlicher in der nächsthöheren Altersklasse spielen, müssen Spielerpässe vorhanden sein – dies alles steht irgendwo und du musst es finden. Tipps und Hinweise von erfahrenen Funktionären und Kollegen sind hilfreich, aber wer sichergehen will, muss sich erst mal alles selbst erarbeiten. Verstöße gegen Vorschriften sind ärgerlich, kosten Geld und Ansehen. Natürlich hilft da ein bisschen Erfahrung, besonders wenn der Ablauf jedes Jahr auf dieselbe Weise geschieht.

Wenn feststeht, welche Mannschaften nach den vorhandenen SpielerInnen in den jeweiligen Spiel-, Leistungs- und Altersklassen antreten können, meldet der Verein diese rechtzeitig an. Heimspieltermine müssen geklärt sein, Versammlungen regeln die grundsätzlichen Abläufe wie Aufstieg, Abstieg, Qualifikationen, Meisterschaftsturniere, Spielzeiten und vieles mehr. Ein erfahrener Funktionär produziert schließlich das Wichtigste: den Spielplan mit den Spielterminen.

Es ist sehr hilfreich, dem Vereinsvertreter frühzeitig etwaige Fehlzeiten (zum Beispiel Urlaub, Auslandsaufenthalte oder berufliche Abwesenheit) mitzuteilen, um Sperrvermerke in den Spielplan einzuarbeiten. Liegt dieser vor, kommt auf dich als Trainer einige Arbeit zu. Es sind zwei Listen zu erstellen, am besten natürlich mit dem Computer, und zu vervielfältigen. Die Spielerliste umfasst Name, Vorname, Geburtstag, Anschrift, Telefonnummern und Mailadresse. Manche nehmen auch die Spielposition auf. Natürlich fügst du die Daten von Trainer, Co-Trainer, Betreuern und eventuell Vereinsadressen hinzu, sodass dich die lieben Eltern auf jeden

Fall erreichen können. Die Liste wird schließlich an alle verteilt. Auch das Mitfahren kann damit telefonisch geklärt werden. Es lohnt sich, hier sorgfältig und vollständig zu arbeiten, dann lobt dich nämlich auch der Vereinskassier, weil er durch die Liste die säumigen Beitragszahler sofort am Schlafittchen hat. Bis du allerdings von den Kindern alles erfragt und aufgeschrieben hast, wird die Trainingszeit zur Hälfte vorbei sein.

Die andere Liste ist der bearbeitete und ergänzte Spielplan. Zuerst filterst du die dich betreffenden Spiele heraus und bringst sie in chronologische Reihenfolge. Dann kommen die jeweilige Abfahrtszeit, der Treffpunkt sowie der Spielort hinzu. Mit den modernen Hilfsmitteln dürfte die Fahrtlänge wohl errechenbar sein, bei Auswärtsspielen sollten noch extra 45 Minuten für das Umziehen und Aufwärmen veranschlagt werden. Normalerweise reicht bei einem Heimspiel ein Treffen eine Stunde vor Spielbeginn aus. Beide Listen sind möglichst frühzeitig den Kindern und ihren Eltern zur Verfügung zu stellen. Bei mir schlummern immer zwei Ersatzexemplare im Handballordner, um etwaige Verluste zwischen Trainingshalle und Elternhaus ausgleichen zu können. Schon oft war die zerknitterte oder zermatschte Liste aus der Sporttasche zu Hause nicht mehr rekonstruierbar.

Heimspiel

Beim Heimspiel ist natürlich alles einfacher. Der Trainer hat die notwendigen Schlüssel dabei, die Trikottasche steht bereit und jeder weiß, wo die Umkleidekabine sich befindet. Ein kompletter Trikotsatz muss vorhanden sein, sonst versucht man am besten, vor Saisonbeginn unter den Eltern einen Sponsor zu finden. Die Trikotnummern werden einmal fest vergeben, dann gibt es diesbezüglich keine Auseinandersetzungen mehr. Passende Hosen sind sehr wichtig, ebenso Leibchen mit Nummern vorne und hinten. Auch der Torwart sollte mit entsprechender Ausrüstung komplett eingekleidet werden. Einen zweiten Trikotsatz zum Wechseln kann man sich sparen, wenn sechs andersfarbige Überziehhemdchen vorhanden sind. Diese nehmen nur wenig Platz ein und sind als Notlösung allseits anerkannt.

Sind alle noch schnell auf der Toilette gewesen, kann der Trainer mit seiner Mannschaftsbesprechung beginnen. Wird die Aufstellung zuerst verkündet, hören die Spieler nur mit halber Aufmerksamkeit zu. Der Trainer tut also gut daran, diese zuletzt oder sogar erst kurz vor Spielbeginn zu verkünden.

Nachdem Besonderheiten des Gegners und die eigene Taktik besprochen sind, geht es zum Aufwärmen. Leider sind die Abstände zwischen den Meisterschaftsspielen oft so kurz, dass kein vernünftiges Warmlaufen auf dem Spielfeld erfolgen kann. Also muss man auf die Gymnastikhalle, den Kabinengang oder notfalls auch den Sportplatz draußen ausweichen. Man tut gut daran, möglichst ein festgelegtes Aufwärmritual durchzuziehen. Dies bekämpft die Nervosität vor dem Spiel und gibt Sicherheit. Knallige Rockmusik gehört mit Sicherheit nicht dazu. Auch die Torhüter dürfen nicht vergessen werden. Im Übrigen basteln jede Mannschaft und jeder Trainer immer wieder am ganz speziellen Aufwärmprogramm herum, hier sind tausend Varianten zu beobachten.

Ab der C-Jugend können die Kinder eigenständig das komplette Aufwärmen durchziehen. Doch schon in der E-Jugend sind Teile des Programms delegierbar. Später dürfen Auswahlspieler ihr Können aus dem Auswahltraining zeigen und das Warmlaufen gestalten. Derweil beobachte ich die andere Mannschaft, suche nach den stärksten Spielern oder technisch auffälligen Figuren. Anschließend werden die Einschwörungsrituale durchgezogen, die Bälle versorgt und die Trinkflaschen bereitgestellt. Ein griffiger Spielball muss vorher festgelegt sein, sonst kommen alle mit ihrem eigenen tollen Ball angerannt.

Spätestens wenn die Spieler auf das Feld laufen, sollte sich beim Trainer das bekannte Kribbeln einstellen. Die Vorspielspannung setzt sich aus den eigenen hochgesteckten Erwartungen, Angst vor dem Verlieren und Versagen der Spieler, Ungewissheit über die aktuelle Stärke des Gegners sowie Hoffnung auf einen Sieg zusammen. Dieses Gemisch aus Zuversicht und Ängsten zu Spielbeginn schlägt je nach Spielverlauf in Enttäuschung oder Frohlocken um.

Ich sage immer: „Wenn es nicht mehr kribbelt, bist du tot oder es ist Zeit aufzuhören." Aber solange ich nervös bin, brennt das Feuer und die Bereitschaft zum Weitermachen als Trainer ist da.

Auswärtsspiel

Es ist immer wieder spannend, zum Treffpunkt zu fahren und dort die vorhandenen Eltern und Spieler zu zählen. Normalerweise sind alle da, aber manchmal ist der Wurm drin. Es gehört zu den Höhepunkten des Trainerlebens, verzweifelt nur mit einem Auto loszufahren, darin sieben Spieler und der Coach zusammengepfercht wie beim Schweinetransport und die Vorschriften des Straßenverkehrs verhöhnend. Oder man kämpft sich über vereiste, verschneite Straßen zu einsamen Dörfern auf dem Land und ist heilfroh, gesund wieder nach Hause zu kommen.

Überraschende Ausfälle lösen am Treffpunkt meist hektische Aktivitäten aus. Schon manches Mal wurden Geschwister zu Mitspielern umfunktioniert oder bei jüngeren Spielern vorbeigefahren, um sie schnell zu aktivieren. Es gehört zum Ehrenkodex, kein Spiel ausfallen zu lassen, und viele Probleme lassen sich im Voraus sicherlich regeln. Leider sind auch hier die Sitten lockerer geworden und manchen Eltern ist es schnurzpiepegal, wenn der Verein eine saftige Strafe zahlen muss. Kurzfristige Absagen sind im Sport nicht gerne gesehen und ein Spielausfall sollte mindestens am Vortag bekannt sein, damit niemand umsonst zur Halle gekommen ist.

Sind alle inklusive Trikottasche glücklich in genügend Autos verstaut, kann es losgehen. Meist kennt man nach einiger Zeit die Handballhallen vor Ort, ansonsten sind Hallenstandorte und Anfahrtsbeschreibungen im Voraus zu besorgen. Ist der Konvoi am Zielort eingetroffen, muss erst einmal der Spielereingang gefunden werden. Das ist gar nicht so einfach und bei größeren Hallenanlagen ein echtes Rätsel. Der Trainer tut gut daran, sich schnell zu orientieren, sich bei der spielleitenden Stelle zu melden und eventuelle Verzögerungen abzufragen. Dann kann es losgehen mit dem Umziehen, Besprechen und Aufwärmen. Manche Hallen haben merkwürdige Begrenzungslinien und Belagsfarben, andere einen komischen Grundriss, Spielfelder sind nicht genau in der Mitte und Werbereiter blockieren den Zutritt. Diese Besonderheiten sollte man den Spielern mitteilen, sonst wird der Tempogegenstoß möglicherweise außerhalb der Seitenlinie vollzogen.

Nach dem Spiel

Fast immer halte ich nach einem Handballspiel noch eine Besprechung ab. Manchmal ist das unmöglich, besonders wenn etwas Aufregendes (Verletzung, sensationeller Sieg oder Ähnliches) passiert ist. Aber sonst bin ich der Meinung, dass eine kurze Aufarbeitung des Spiels lohnt. Alles ist noch präsent, die Spieler erinnern sich an viele Einzelsituationen und der Trainer kann an bestimmten Punkten überzeugend einhaken: „Es muss nächste Woche verstärkt Abwehr trainiert werden, wir haben hinten ganz schlecht gestanden und viel zu viele Tore gekriegt!“

Auch das persönliche Gespräch ist wichtig: „Du hast den Verteidiger außen dreimal nach innen ausgetrickst, das probierst du weiterhin immer wieder!“

Oder: „Hervorragende Beinarbeit mit Einrücken zum Halben und schnell wieder raus, das war hervorragend!“

Oder: „Du bist bei dem Dreier oft hochgesprungen, obwohl das gar nicht nötig war. Warum denn das?“

Natürlich müssen alle erst mal die Spannung abbauen und den Kreislauf beruhigen, aber nach fünf Minuten hat der Coach dann das Wort. Möglich wäre auch ein Einschwörungsritual nach dem Motto: „Wir halten trotz allem zusammen!“

Je nach Spielausgang reicht es noch zu einer La-Ola-Welle auf dem Spielfeld, einem Bauchrutscher und dem Winken ins Publikum. Oder du hast alle Hände voll zu tun, die enttäuschten Gemüter zu beruhigen. Meistens war sowieso der Schiedsrichter schuld, aber wie gesagt, man kann nach einiger Zeit auch eine sachliche Besprechung anhängen. Dann wird geduscht und der Trainer hat hoffentlich schon den Spieler bestimmt, der die Trikots zum Waschen einsammelt. Noch ein letzter kontrollierender Blick in die leere Umkleidekabine und die Heimfahrt kann angetreten werden. Zu Hause legt sich der erschöpfte Coach erst mal auf das Sofa und erholt sich von der nervenaufreibenden Schlacht. Meine Familie erkennt übrigens sofort – ich weiß nicht, woran –, ob wir gewonnen oder verloren haben. Netterweise gibt es dann ein Schokolädchen oder ein Glas Wein oder man lässt mich einfach in ganz schlimmen Fällen in Ruhe. Irgendwann erträgt meine Familie meine hochdramatischen Schilderungen von der furchtbaren Katastrophe, denn auch ein Trainer muss das Spielgeschehen erst mal verarbeiten, aber beim nächsten gemeinsamen Essen will sie leider, leider nichts mehr davon hören.

„Selber schuld!", heißt es höchstens. Na klar!

Das Spiel steuern

In den Jugendspielklassen sind die Gegner oft unbekannt, Videoaufnahmen sehr selten. Eventuell hast du die anderen Mannschaften bei einem Vorbereitungsturnier getroffen oder dir Notizen beim Hinspiel gemacht. Viele Informationen stehen dir also nicht zur Verfügung. Manche taktischen Spielchen verbieten sich auch aus anderen Gründen: Der Verband schreibt bestimmte Spielformen vor oder verbietet defensives Abwehrverhalten, dein Team kennt viele Taktiken gar nicht und du hast manche Dinge noch nie trainiert. Mit anderen Worten: Du und dein Team, ihr konzentriert euch besser auf euch selbst. Euer Spiel wird durchgezogen, eure Stärken müssen zur Geltung kommen.

Trotzdem besteht die Möglichkeit und die Notwendigkeit, als Trainer/in einzugreifen und das Spiel zu steuern. In der Schweiz erlebst du bei Trainern manchmal die vornehme, extrem zurückhaltende Auffassung des Eingreifens. Zuerst tauschen alle einen Händedruck aus und wünschen sich ein gutes, faires Spiel. Dann setzt sich der Trainer auf die Bank und notiert genau alles Wichtige, was auf dem Spielfeld geschieht. Er ruft höchstens bei ungeplanten Auswechslungen etwas. Dann zieht sich das Team in der Halbzeitpause bzw. nach Spielschluss in die Umkleidekabine zurück und der Coach präsentiert anhand seiner Aufzeichnungen hinter fest verschlossenen Türen die Fehler und Verbesserungsvorschläge. Das ist Zurückhaltung und Diskretion in höchster Vollendung. Diese Methode erscheint zwar als sehr angenehm, weist aber leider einige Nachteile auf.

Ich halte es für besser, beim Auftreten eines Fehlers dem betreffenden Spieler sofort Aufklärung über sein falsches Verhalten zukommen zu lassen („Warum bleibst du hinten stehen?") und anschließend Verbesserungsvorschläge zu machen („Beim nächsten Mal schon auf zwölf Meter vor dem Tor angreifen!"). Oft weiß der Jugendspieler nicht, dass er überhaupt einen Fehler gemacht hat. Und noch öfter kennt er die Lösung des Problems nicht. Ich will nicht erleben, dass z. B. der Linksaußen einen Trick dreimal erfolglos hintereinander anwendet, dann ist das Spiel vielleicht schon verloren. Oder wenn mein Rückraumspieler fünfmal auf das Tor wirft, ohne zu treffen, dann werde ich schon vorher einschreiten müssen.

Für das Steuern gelten zwei Regeln: erstens das Fehlverhalten benennen, aber immer fassbare, verständliche Verbesserungsvorschläge hinzufügen. Und zweitens anerkennen, dass dem Gegner auch einmal eine wunderschöne Aktion gelungen ist, die nicht zu verhindern war. Viele Trainer machen den Fehler, die Kinder oder Jugendlichen mit ganz genauen, umfassenden Darstellungen des Spielablaufs zu überraschen. Das zeigt zwar dein großes Fachwissen, verwirrt aber viel zu sehr. Kurze Hinweise und umsetzbare Lösungen sind gefragt, jeder Einzelne soll eine besondere Hilfe bekommen. Herrscht zu viel Krach und Lärm in der Halle, winke ich den Spieler während der Phase des Spielaufbaus in der eigenen Hälfte mit einer bestimmten Geste zur Bank und tausche mich mit ihm aus. Wird das Spiel zu schnell, kann ich nur noch mit Auswechslungen arbeiten oder ein Team-Time-out einsetzen.

Weit verbreitet und sozusagen Klassiker der unsinnigen Anweisungen sind folgende Rufe: „Spielt doch mal wieder Handball!“, oder „Wacht endlich auf!“, oder „Jetzt macht doch mal was!“. Hier schimmert hochgradig Hilflosigkeit durch. Dies kann natürlich daran liegen, dass die betreffende Mannschaft nicht besser zu spielen vermag. Du solltest gerade in einem solchen Moment etwas auf der Pfanne haben und taktische Möglichkeiten in Erwägung ziehen, weil einfach ein Zwang zur Veränderung vorhanden ist. Lass dann doch mal mit zwei Kreisläufern spielen oder den Rechtsaußen einlaufen, das kann Wunder wirken.

Bei Anfängern sind Anweisungen wie „Biete dich an!“ oder „Freilaufen!“ manchmal nicht genau genug. Dein Spieler bietet sich ja die ganze Zeit an, nur eben mitten zwischen zwei Verteidigern und erkennt nicht, dass die anderen ihn so nicht anspielen können. Das benötigt schon etwas umfangreichere Erklärungen und natürlich Schulung im Training.

Anweisungen wie „Du musst schneller spielen!“ oder „Du musst härter werfen!“ werden sich als wirkungslos entpuppen, wenn die Spieler das schlichtweg nicht können. Ein allgemeiner Ratschlag wie „Konzentriert euch!" helfen ebenfalls nicht viel, denn was bedeutet das genau? Hinweise wie „Spielt doch endlich mal den Kreisläufer an!" können gefährlich sein, weil der Gegner auch Ohren hat und prompt den Pass abfängt. Besser wäre der Ruf „Spiel mal den Andreas an!", denn der Andreas steht als Kreisläufer am Torraum herum. Du solltest also darauf achten, dass die andere Mannschaft deine Anweisungen nicht zu schnell mitbekommt. Auf schriftliche Botschaften per Zettel musste ich aber noch nie zurückgreifen.

Jugendtrainer und Verein

Die Trainerkollegen

Der häufigste Konfliktpunkt unter Trainern sind die Hallenzeiten. Dabei kann man dieses Problem nach meiner Erfahrung folgendermaßen in den Griff bekommen. Von jedem Trainer wird persönlich abgefragt, welche Wünsche und Zwänge er hat. Dann entwirft eine möglichst neutrale Person im stillen Kämmerlein einen annähernd optimalen Plan. Dieser muss nach offen gelegten und möglichst von allen anerkannten Gesichtspunkten („Zuerst kommt die erste Mannschaft! Die D-Jugend kann auch einmal in einer kleinen Halle trainieren!") das kostbare Gut verteilen. Offensichtliche Erpressungsversuche wie „Ich kann ausschließlich dienstags von 17 bis 18.30 Uhr" sind nur trickreich zu umschiffen. Schiebt man diesen Trainer auf eine unattraktive kleine Halle ab oder spannt man ihn mit einer anderen Mannschaft zusammen, zeigt sich mancher Sturkopf auf einmal doch flexibel. In einer öffentlichen Sitzung wird dann diskutiert, bis eine Übereinkunft gefunden wurde.

Wird später diese Verteilung infrage gestellt, kann es böses Blut geben. Jeder Trainer weiß um die Bedeutung einer guten Trainingstätte und vieler Trainingsstunden. Drücken andere Vereine in die Halle, muss man leider Kompromisse eingehen. Insbesondere die Fußballer glauben, ihre Sportart sei das Wichtigste der Welt. Ich bin bis heute der Meinung: Fußball hat in der Halle nichts verloren. Seine Schönheit kann sich erst auf dem großen Spielfeld entfalten. Und im Winter für drei Monate die Halle zu blockieren, finde ich gegenüber den Hallensportarten ganz schön unverschämt.

Natürlich herrscht auch innerhalb eines Vereins Konkurrenz unter den Trainern. Oft schaut ein Coach neidvoll auf den Kollegen, der es versteht, fast jedes Jahr einen Meistertitel einzufahren. Dabei betreibt der Sportkamerad aber wahrscheinlich auch den doppelten Aufwand, fährt dauernd zu Turnieren und schiebt Sonderschichten am Samstag. Nur selten wird ein solches Engagement von den Trainerkollegen gewürdigt. Am schlimmsten ist dabei das Schlechtmachen der anderen mit Bemerkungen wie: „Ich bekomme ja nur schlecht ausgebildete Spieler. Die können doch nichts!“ Oder mit giftigen Entschuldigungen: „Wenn ich so gute Spieler und so viele Trainingszeiten hätte, würde ich auch Meister machen!“

Das bringt alles nichts, es verschlechtert nur das Betriebsklima und schafft zusätzliche Reibungspunkte. Also sollte man solche Bemerkungen bleiben lassen. Und wenn sich der persönliche Ehrgeiz wegen beruflicher Zwänge nicht entfalten kann, muss man sich damit eben abfinden. Du solltest dir immer wieder klarmachen, wie viel Zeit und Kraft du in deine Mannschaft stecken möchtest. Wenn dein Kollege besser ist, würde ich alles daransetzen, möglichst viel von ihm zu lernen. Zu mir ist allerdings noch keiner gekommen und hat offen gefragt: „Wie machst du denn das bloß?“ Auch manche Gratulation wird nur mit einem gequälten Lächeln hervorgebracht. Aber so sind nun mal die Menschen …

Selbstverständlich begegne ich anderen Trainern öfter, wenn sie vor mir oder nach mir Einheiten abhalten. Ein kurzer Schwatz mit kräftigem Händedruck muss selbstverständlich sein. Sind die Spieler beim Aufwärmen, kann man auch – ohne zu stören – fünf Minuten länger miteinander reden. An den Heimspieltagen wird bei Niederlagen oder Siegen auch mal sanft gescherzt oder humorvoll gestichelt, je nachdem, wie der Kollege so etwas verkraftet bzw. wie er einzuschätzen ist.

Ich habe mir einmal das ganze Training eines befreundeten Handballlehrers angeschaut. Die gut gemeinte, schnell und unbedacht geäußerte Bemerkung hinterher „Die Spieler stehen bei dir ja nur herum! Erkläre doch nicht alles dreimal, das ist ja furchtbar!“ führte zu einer Verstimmung, welche nur mit großer Mühe auszuräumen war. Bei der Beeinflussung von Kollegen sind absolutes Fingerspitzengefühl und hoch entwickelte Diplomatie vonnöten. Die meisten Trainer fühlen sich sehr schnell angegriffen und lassen sich erst mal nichts sagen. Nur über indirekte Taktiken wie „Was machst du eigentlich, um Probleme beim Stoßen abzustellen?“ wird die Ebene der Fachsimpelei erreicht und dann können über Beispiele Anregungen, dass es eventuell auch anders gehen könnte, vermittelt werden. Dabei ist jeder Trainer froh, mal eine andere Fachmeinung zu hören. Es muss nur nett verpackt sein.

Das Abschauen von Tricks, Taktiken oder Spielzügen, gesehen oder erlebt im Spiel gegen andere Mannschaften, ist jedoch gängige Praxis. Frei nach dem Leitsatz „Was der kann, kann ich auch!" möchte man zeigen, was aus den eigenen Spielern herauszuholen ist, und probiert das auch aus. Andererseits schaut man als Trainer äußerst selten oder nur zufällig einmal einem Kollegen bei den Trainingseinheiten zu, hat man doch seine Zeit mit anderen Dingen prall gefüllt. Eine Leistungskontrolle findet nie statt. Daher ist Weiterbildung als motivierender Schub auch so notwendig!

Zu manch konkurrierendem Verein wird eine Art „Spezialfeindschaft" gepflegt und die Begegnungen werden zu Schicksalsspielen hochstilisiert. Merkwürdigerweise wechseln jedoch manchmal Trainer zwischen diesen Vereinen hin und her. Es kann also mit den Feindschaften nicht so unerträglich sein.

Eine andere weitaus schlimmere Sache sind jedoch einzelne Trainer, welche dauernd bei den Spielerpässen schummeln, eine brutale Gangart im Spiel fordern, immer wieder Spieler abwerben oder einem den Krieg erklären. Hier werden Grenzen überschritten, was die Sportkameradschaft zerstört. Persönliche Gespräche mit den spielleitenden Funktionären sollten die schlimmsten Auswüchse eindämmen können.

Mein Verein

In jedem Verein gibt es Mitläufer, normale Aktivisten und „Supervereinsmeier". Dabei gilt: Wer am meisten arbeitet, der hält den „Saftladen" am besten am Leben. Diese Gesetzmäßigkeit führt dazu, dass du immer mehr organisieren, trainieren, hinter der Theke stehen kannst und es ist immer noch nicht genug. Ein Verein wird dich auffressen, wenn du es zulässt. Tatsächlich sagt mancher: „Der Verein ist mein Leben." Die Erfüllung, die Einzelpersonen darin finden, ist für sie manchmal absolut wichtig und sehr bedeutungsvoll.

Hier gilt es trotzdem, Grenzen zu ziehen. Welche du schließlich ziehst, wo und wann, ist deine Sache. Aber es gibt noch andere Dinge im Leben, welche nicht zu kurz kommen dürfen: Partner, Kinder, Beruf, andere Hobbys ... Immer wieder steigt eine Superführungskraft aus und jeder fragt sich, wie es jetzt weitergehen soll. Dann wird die Arbeit auf viele neue Schultern verteilt und die Sache funktioniert wieder. Warum auch nicht?

Belohnte Mitarbeit

Der Vorrang der Ehrenamtlichkeit im Verein bringt es mit sich, dass nicht die beruflichen Kriterien, sondern das freiwillige Verpflichten vorherrscht. Dadurch laufen Belohnungen auf anderen Ebenen ab.

Man kann dreierlei unterscheiden:
- Erfolg in der ehrenamtlichen Leistung
- Symbolische Ehrungen
- Optimale Kommunikation und Information

Warum gehe ich auf diese Dinge ein? Hier Bescheid zu wissen ist wichtig, um z.B. die Jugendtrainer lange Jahre bei der Stange zu halten und von ihnen zu profitieren.

Erfolg in der ehrenamtlichen Leistung

Erfolg in der ehrenamtlichen Leistung bedeutet, dass ich etwas von meinem Fachgebiet verstehe und es gut ausfülle. Ob ich dabei viele Kinder für den Sport gewinne, die Mitgliederverwaltung makellos führe oder Jugendnationalspieler ausbilde, macht keinen Unterschied. Erfolg hat viele Seiten, und wer seine Sache gut macht, zieht eine ungeheuere Befriedigung daraus.

Symbolische Ehrungen

Symbolische Ehrungen können eine Flasche Wein und ein Blumenstrauß, eine Urkunde oder ein Pokal, ein gerahmtes Foto oder Ähnliches sein. Die Belohnung kann in einem persönlichen, vereinsinternen oder öffentlichen Rahmen erfolgen. Darüber wird sich jeder Ehrenamtliche freuen. Eine Gratulation mit Händedruck oder Schulterklopfen sowie ehrliche, herzliche Glückwünsche sind viel wert und schaffen oft Freundschaften untereinander. Diese privaten Bindungen bedeuten dem Einzelnen sehr viel. Darüber hinaus gibt es eine zweite Ebene. Jedes öffentliche Lob, sei es mit einem Meisterschaftsfoto in der Zeitung oder durch den ganz normalen Spielbericht im Vereinsheft, wertet einen Trainer auf. Selbstverständlich gehört auch die Präsentation auf der Homepage im Internet dazu.

Natürlich finden sich Abstufungen, denn auch auf diesem Gebiet gibt es Leitern des Erfolgs und eine Karriere. Für den Jugendtrainer heißt dies, dass er eventuell eine angemessene finanzielle Entschädigung erhalten kann. Viele Idealisten verlangen oder wollen überhaupt kein Geld vom Verein. Im Gegenteil, sie opfern von ihren Mitteln einiges und freuen sich umso mehr, wenn das überhaupt mal jemandem auffällt. Davor ziehe ich den Hut.

Anderseits habe ich es nach einiger Zeit immer so gehalten, dass ich als Jugendtrainer für jede durchgeführte Trainingseinheit eine (geringe) Vergütung verlangt habe. Die Steuergesetzgebung in Deutschland mit der Pauschale für Übungsleiterentschädigung zieht hier eine hilfreiche Grenze. Aber manch ein Vorstand sperrte Mund und Augen auf, als ich folgendermaßen argumentierte: „Ein guter Jugendtrainer ist ein absoluter Fachmann, muss im Grunde genauso viel wie der Trainer der ersten Mannschaft können und darf daher auch etwas verlangen. Irgendwo hat jeder Spieler der ersten Mannschaft mal bei einem Jugendtrainer angefangen und ohne dessen Fähigkeiten hätte er es nicht so weit geschafft.“ Es wird viel zu wenig beachtet, dass ein guter Jugendtrainer ein erfahrener, gut ausgebildeter Spezialist ist. Du solltest ruhig darauf hinweisen.

Allerdings sind Ehrungen immer rückwärts gerichtet und stellen Belohnungen für Vergangenes dar. Entscheidend ist jedoch, was du in Zukunft für den Verein machen wirst. Geleistete Verdienste sind – wie immer – schnell vergessen.

Optimale Information

Die optimale Information im Verein ist die wichtigste Belohnung für jeden. Dies wird weithin unterschätzt. Aber es zeigt deutlich die Bedeutung der Person, wenn sie schnell und umfassend informiert wird. Meistens erfährt man zufällig in Gesprächen, dass wieder mal etwas passiert ist. Das Bescheidwissen über meinen Tätigkeitsbereich ist sowieso von grundlegender Bedeutung, Mitteilungen und Hinweise dazu müssen unbedingt bei mir ankommen. Jedes Wort darüber hinaus belohnt mich und bindet mich als bedeutsame Person in den Verein ein. Mit wichtigen Leuten redet man lieber und öfter als mit unwichtigen. Also tut ein Vorsitzender oder Jugendleiter gut daran, die Wertschätzung eines unbedeutenden Jugendtrainers kräftig anzuheben, indem er öfter mit ihm spricht. Ich finde es klasse, wenn mal ein Vorstandsmitglied bei mir im Training oder bei den Spielen auftaucht.

Moderne Medien helfen dabei sehr, aber trotzdem muss sich erst einmal jemand aufraffen und sie benutzen. In vielen Vereinen sieht man als kleiner Jugendtrainer den Vorsitzenden oder Präsidenten nur einmal im Jahr – bei der Generalversammlung. So setzt eine Führungsperson aber falsche Schwerpunkte. Ich muss doch mit meinen leitenden Mitarbeitern – und ein Trainer leitet schließlich eine ganze „Abteilung", sprich Mannschaft – dauernd in Kontakt bleiben.

Leider richten im Verein persönliche Dinge manchmal viele Barrieren auf. Individuelle Schrullen und emotionale Entgleisungen wachsen schnell zu ernsthaften Konflikten heran. Wohl dem Verein, der gut funktionierende Strukturen besitzt oder zumindest einen regelmäßigen Stammtisch aufrechterhält. Das notwendige Gespräch muss gepflegt werden, sonst stimmt das Betriebsklima nicht. Schnell entstehen aus Gerüchten und Klatschgeschichten Missverständnisse, welche zu persönlichen Beleidigungen umgedeutet werden. Sachliche Informationen und das Einbeziehen aller Betroffenen verhindern diese Entgleisungen. Persönliche Konflikte sollten erst gar nicht entstehen. Mäßigendes, vermittelndes Eingreifen vor irgendwelchen Vorwürfen oder Stänkereien tut not. Wozu gibt es denn ein Telefon, mit dem ich jeden persönlich ansprechen kann? Also bitte! Und wenn einer mal explodiert ist, muss man auch darüber hinwegsehen und verzeihen können.

Konkurrenz zwischen Trainern

Natürlich herrscht zwischen den verschiedenen Vereinen im Handballbezirk eine Rivalität und daher auch unter den jeweiligen Trainern. Begegnet dir aber der Konkurrent im Lauf der Jahre immer wieder, stellt sich oft ein merkwürdiges kollegiales Verhältnis ein. Man erkennt im Rivalen eben auch den Mann oder die Frau, welche(r) aus einer idealistischen Haltung heraus und aus Liebe zum Handball Jugendspieler ausbildet. Dann ist bei der nächsten Begegnung eine herzliche Begrüßung und fröhliches Fachsimpeln oder Herumfrotzeln angesagt. Vielleicht kann man sich sogar bei Fortbildungsmaßnahmen freundlich austauschen.

Andererseits ist es auch ohne Weiteres möglich, zu einem anderen Trainer ein sehr gespanntes Verhältnis aufzubauen. Durch unfaires Verhalten, unsportliches Benehmen oder gar Beleidigungen entstehen schnell Feindschaften. Das muss nicht sein, kann aber passieren. Dann sollte man auf ein möglichst sachliches und korrektes Miteinander achten. Einige Trainer schüren das Feindbild vom gegnerischen Verein, denn es kann als starke Motivationshilfe dienen. Allerdings können solche Dinge außer Kontrolle geraten und wer übernimmt dann die Verantwortung bzw. steht für den Schaden gerade?

Trainernachwuchs

Jugendtrainer zu finden ist schwierig. Es ist ja klar, wer selbst aktiv Handball spielt, wird beim besten Willen kaum Zeit finden, Jugendmannschaften zu trainieren. Die meisten Jugendtrainer stammen daher aus den Personenkreisen Eltern, junge Erwachsene oder ältere Spieler.

Bisher hat sich sehr oft gezeigt, dass Eltern von ganz jungen Spielern die besten Jugendtrainer abgeben. Da weist Mama oder Papa eine verschwiegene solide Handballvergangenheit auf, verfügt also über Basiswissen und kann nach der Entlarvung leicht überzeugt werden, den eigenen Nachwuchs zu schulen. Oder ältere Spieler werden zwangsverpflichtet, eine Jugendmannschaft zu übernehmen, was mithilfe von Alkohol und viel Schulterklopfen schon gelungen sein soll. Jüngere Spieler wollen dagegen einmal ausprobieren, ob sich ihnen hier ein neues Betätigungsfeld erschließt, an dem sie Gefallen finden können.

Optimal ist es, wenn sie zuerst Co-Trainer bei einem erfahrenen Erwachsenen sein können. Ansonsten verheizt man sie zu schnell und nichts Positives kommt dabei heraus, außer dass der Verein wieder für ein halbes Jahr ein Trainerloch gestopft hat. Im Zweifel möchten sie dann allerdings lieber selbst aktiv spielen.

Wahrscheinlich muss jedoch immer ein persönliches Gespräch stattfinden, bei dem die Wichtigkeit der Aufgabe und Bedeutung für den Verein betont wird. Ob jemand als Betreuer oder Co-Trainer aufgebaut werden kann, kommt jeweils auf die Situation an. Manche Vereine betrachten Jugendtrainer immer noch als hoffnungslose Idealisten, welche möglichst viel Zeit, Geld und Mühe investieren sollten. Nur wenige Vorstände erkennen, dass gute Jugendtrainer auch Fachleute sind, die entsprechende Förderung, Achtung, Lob und Bestätigung verdienen. Wenn jedes Jahr neue Gesichter auftauchen, stimmt es in diesem Verein nicht.

Jugendtrainer und Vereinsleitung

Ein schwieriges Kapitel ist oft die Vereinsführung. Gerade wenn die Mannschaften bei den Aktiven Erfolge feiern und in höhere Ligen aufsteigen, geraten die Jugendmannschaften gerne ins Abseits. Es ist ja auch viel angenehmer, sich in der Sonne des Erfolgs zu wärmen und wichtige Gespräche mit neuen Spielern, Trainern und Sponsoren zu führen. Du hast Glück, wenn ein gestandener Jugendleiter vorhanden ist, der die Mühen der Jugendarbeit nicht scheut und immer für dich da ist.

Leider sind viele Abteilungsleiter oder Vereinspräsidenten unerfahren in Führungsfragen. Mir ist einmal Folgendes passiert: Weil wir mit zwei anderen Teams um den Aufstieg kämpften, spielten drei Nachwuchskräfte nicht so oft, wie sie es gerne gehabt hätten. Am Saisonende erklärten sie dem Abteilungsleiter, mich aus diesem Grund nicht mehr länger als Trainer zu akzeptieren. Dieser kam zu mir und wollte die Jungs unbedingt halten. Ich zuckte daraufhin die Schultern und wechselte den Verein. Vier Monate später waren die drei Jugendspieler aus schulischen und beruflichen Gründen zurückgetreten und der Abteilungsleiter raufte sich die Haare. Hoffentlich hat er etwas daraus gelernt.

Noch viel weniger Verständnis haben Abteilungsleiter oder Vereinspräsidenten mit den Problemen eines Jugendtrainers. Zur Unkenntnis kommen Ignoranz und Aktionismus bei Schwierigkeiten eines Trainers hinzu. Rufen beispielsweise zwei Eltern empört beim Präsidenten an, wird zuerst einmal daran gedacht, den Jugendtrainer von seiner Aufgabe zu entbinden. Man will ja möglichst schnell wieder Ruhe einkehren lassen. Auf die Idee, dass der Trainer unschuldig ist, kommt der Vorsitzende erst mal nicht. Anstatt die andere Seite in aller Ruhe anzuhören und vielleicht den Jugendleiter mit seinem Wissen hinzuzuziehen, werden kritische Angelegenheiten oft übereilt und oberflächlich im Schnellverfahren gelöst.

Dabei gilt grundsätzlich: Du kannst es nicht jedem recht machen und allen Eltern sowieso nicht (siehe die Kapitel über die Eltern). Also hat die Vereinsführung sich prinzipiell zuerst immer auf die Seite des Jugendtrainers zu stellen. Leider hapert es daran oft und du tust gut daran, öfter das Gespräch mit dem Vorsitzenden zu suchen, in dem durchaus einige Hinweise zu schwierigen Eltern einfließen dürfen. Ist der Präsident allerdings nie zu sprechen, weil er angeblich Wichtigeres zu tun hat, wird es eventuell gefährlich. Dann hast du nur die Möglichkeit, dich bei anderen Vorstandsmitgliedern abzusichern.

Ich kann dir nur wünschen, dass du die meisten Klippen im Kinderhandball ohne Schiffbruch umgehen kannst und hoffentlich in einem Verein tätig bist, der seine Jugend- und Kindertrainer wertschätzt.

Problemkreis Schiedsrichter

Der Trainer als Schiedsrichter

Jeder Trainer ist gleichzeitig Schiedsrichter. Denn er muss natürlich die gültigen Handballspielregeln kennen, sonst bringt er seinen Schutzbefohlenen etwas Falsches bei – und das wäre wirklich sehr peinlich. Außerdem gibt es zahlreiche Trainingssituationen, in denen ein Schiedsrichter notwendig ist. Folglich muss ein Trainer gleichzeitig ein guter Schiedsrichter sein. Ich habe es nie bereut, zwölf Jahre lang selbst als Referee gepfiffen zu haben. Das schafft Fachwissen, das dir zugutekommt.

Allerdings kapseln sich die Schiedsrichter im Handballbetrieb aus guten Gründen weitgehend ab. Jeder Referee ist immer auf der Suche nach dem perfekt geleiteten Spiel.[21] Leider unterlaufen ihnen – als Einzelschiedsrichter sowieso – allzu oft kleine Fehler. Dies gibt man sehr ungern zu, was zu eher unerfreulichen Reaktionen außerhalb des Spielfeldes führt. Daher igeln sie sich ein und sprechen normalerweise jedem Spieler bzw. jedem Trainer die Fähigkeit ab, ihre Leistung beurteilen zu können. Sogar den anderen Schiedsrichtern wird misstraut. Nur der Schiedsrichterbeobachter, der hat immer recht, denn dieser ist der eigentliche Kontrolleur und dessen Meinung muss man murrend akzeptieren. Er übernimmt die gefürchtete Rolle des Scharfrichters. Als Trainer wundert man sich daher manchmal, warum heute wieder „extra scharf" gepfiffen wurde, dabei saß nur der Beobachter auf der Tribüne.

Probleme mit Schiedsrichtern

Nach Regel 17-1 der IHF-Spielregeln gilt: „Jedes Spiel wird von zwei gleichberechtigten Schiedsrichtern geleitet ..."

---

21 Vgl. Walter Bühler, „Soziale Kontrolle im Sport – Entscheidungsstrukturen bei Handballschiedsrichtern", in: Klaus Cachay/Gunnar Drexel/Elk Franke (Hrsg.), „Ethik im Sportspiel" (dvs-Protokolle Nr. 43), Clausthal-Zellerfeld 1990, S. 71 – 95.

Tatsächlich wird aus organisatorischen und finanziellen Gründen bei Jugendspielen häufig nur ein Schiedsrichter eingesetzt. Als Konsequenz daraus muss man sich damit abfinden, dass Einzelschiedsrichter mehr Fehler machen als Doppelschiedsrichter. Nach meinen Videoanalysen lässt sich sagen, dass ein Einzelschiedsrichter durchschnittlich pro Spiel drei bis fünf Fehler begeht, ohne dies zu bemerken. Entweder steht er gerade auf der falschen Spielfeldseite und kann gar nicht sehen, was da verdeckt durch mehrere Spieler auf dem anderen Flügel passiert, oder er kann aufgrund der großen Entfernung nicht erkennen, dass der Torraum beim Tempogegenstoß betreten wurde. Beide Fehlerquellen versucht man eben durch den Gespanneinsatz auszuschalten.

Mit anderen Worten: Es ist prinzipiell immer möglich, über Fehlentscheidungen des Schwarzkittels zu lamentieren, denn er wird als Einzelschiri immer welche begehen. Bringen tut das gar nichts und sein Nervenkostüm schont man am besten, wenn man diese Dinge ignoriert. Der sportliche Schnellrichter auf dem Spielfeld kann diese Dinge ja gar nicht sehen und folglich auch nicht pfeifen. Also sollte man ihm diese Fehler einfach schulterzuckend zugestehen.

Es ist weiterhin eine Tatsache, dass in den Jugendspielen vorwiegend nicht Elite-Schiedsrichter, sondern Neulinge, Uralt- und Jung-Schiedsrichter eingesetzt werden. Nur in seltenen Fällen kommen erfahrene, gut ausgebildete Referees zum Einsatz. Jeder Einteiler, der die Schiedsrichter-Einsätze organisiert, wird dich fragen: „Wo soll ich denn einen Anfänger einsetzen, wenn nicht bei Jugendspielen, die doch am einfachsten zu pfeifen sein sollten?" Da hat er zweifellos recht.

Allerdings hast du somit manchmal einen unerfahrenen Schwarzkittel vor dir, der durch zahlreiche Fehlentscheidungen das gesamte Umfeld einschließlich beider Mannschaften gegen sich aufbringt. Wenn der gegnerische Trainer zu deiner Auswechselbank herüberruft: „Gehen wir zusammen raus und verhauen ihn?", dann ist wohl alles gesagt.[22]

---

22 Der Ausspruch kam vom Trainerkollegen S.W. (TV Ehingen) bei einem Spiel der D-Jugend männlich, ist aber schon öfter gefallen.

Seine Haltung zu den Referees muss jeder selbst finden. Ich bin selbst zwölf Jahre lang Schiedsrichter gewesen und lernte damit auch die andere Seite sehr intensiv kennen.[23] Nachdem ich aber die Seiten gewechselt habe und nur noch Trainer war, habe ich für mich folgende drei Einstellungen gefunden:

a) Wenn jemand nicht gut pfeift, korrigiere ich ihn die ersten fünf Minuten durch Zurufe. Manche Anfänger sind richtig froh, wenn sie Entscheidungshinweise geliefert bekommen. Merke ich jedoch, dass dies nichts hilft, stelle ich jeden Kommentar ein. Ich verlange auch von meinen Spielern, dass sie den komischen Schiedsrichter und seine Fehlentscheidungen tolerieren. Es gehört zur Bandbreite sportlichen Erlebens, dass man eben auch mit unfähigen Schwarzkitteln leben muss. Alle in der Halle schütteln den Kopf, aber es nützt nichts, das Spiel muss mit dem angetretenen Schiri zu Ende gebracht werden. Vielleicht verhilft es zu größerer Toleranz, wenn ich aus meiner Laufbahn berichte, dass ich erst nach zwei Jahren das Gefühl hatte, jetzt pfeifst du allmählich gut und machst keine schlimmen Fehler mehr. Ein Schiri muss innerhalb einer Sekunde sozusagen automatisch richtig entscheiden. Viele Situationen müssen erst im Laufe der Zeit in der Entscheidungsdatenbank da oben in deinem Kopf abgelegt werden, um dann blitzschnell wieder abgerufen werden zu können. Das braucht seine Zeit.

b) Denke einmal darüber nach, was passiert, wenn ein Spiel so richtig eng ist. Dann wird ein cleverer Trainer doch versuchen, den Schiedsrichter zu beeinflussen. Sind beide Mannschaften gleich gut, kann eine einzige Entscheidung des Referees das Spiel entscheiden. Der Schiedsrichter wird damit zum entscheidenden Glücksfaktor. Und wenn er dann für dich einen Siebenmeter pfeift, der in den Augen des Trainerkollegen absolut keiner war, dann bist du doch zufrieden! Also ist es nur verständlich, wenn in solchen Fällen die beiden Trainer anfangen, den Schiri zu bearbeiten. Natürlich gehört es zum guten Ton, sich nach Spielende beim Schwarzkittel zu entschuldigen.

23 Eine sehr schöne Schilderung des Alltags eines Fußballschiedsrichters findet sich in chrismon (Das evangelische Magazin) 02/2008, S. 42 - 46. (Nicol Ljubic: „Manchmal steht er im Abseits")

Als Verbandsschiedsrichter ist es mir einmal passiert, dass ich im letzten Spiel eines Meisterschaftsturniers, bei dem es um den zweiten Platz ging, auf einen trickreichen Trainer gestoßen bin. Ich pfiff mit meinem Kollegen wenige Sekunden vor der Halbzeit einen völlig berechtigten Siebenmeter gegen seine Mannschaft. Dieser wurde verwandelt, dann ging es in die Kabinen. Der Coach jedoch fing furchtbar an zu schimpfen und wetterte über diese angebliche Fehlentscheidung und Benachteiligung. Sein Team kam hochmotiviert wieder auf das Spielfeld, mobilisierte die letzten Reserven und siegte deutlich. Nach Spielschluss kam dieser Trainer lächelnd auf uns zu und entschuldigte sich wortreich, dass er uns als Sündenböcke hätte missbrauchen müssen. Aber nur so sei es ihm gelungen, nochmals seine Spieler anzustacheln.

c) Ich habe es immer für selbstverständlich gehalten, dem Referee nach dem Spiel die Hand zu geben und in knapper Form meine Zufriedenheit („Das war in Ordnung, danke!") auszudrücken. Manchmal ringe ich mich dazu durch, in einigen Sätzen sachlich meine Meinung zum Spiel zu sagen. Das kann durchaus diplomatisch verpackte Kritik oder ein angemessenes Lob sein – auch wenn ich verloren habe. Wichtig ist Ehrlichkeit, denn jeder Schiedsrichter weiß natürlich, was er jetzt gerade für eine Leistung abgeliefert hat. Oder aber du sagst gar nichts beim Händedruck, anstatt loszuschreien oder dich zu ereifern.

Der Referee ist übrigens dafür erforderlich, dass ein Handballspiel stattfinden kann. Und dieses „Dazugehören" muss durch angemessenes Miteinander angezeigt werden. Nebenbei bemerkt: Beim nächsten Spiel könnte dieser Referee eventuell wieder zur Türe hereinkommen und du müsstest dich erneut mit ihm abfinden. Also bemühe ich mich trotz aller Kritik, mit jedem Schiedsrichter menschlich einigermaßen auszukommen. Brodelt es noch zu stark in mir, halte ich lieber den Mund und verschwinde schleunigst, bevor ich mir noch dummerweise die Rote Karte einhandle.

Heimschiedsrichter

Leider ist es immer noch in manchen Verbänden üblich, auf der Jugendebene mit sogenannten Heimschiedsrichtern zu arbeiten. Das heißt nichts anderes, als dass der Heimverein einen geeigneten Sportkameraden stellt, der das Jugendspiel pfeift. Wenn man Glück hat, ist dies ein aktiver, ausgebildeter Schiri, der gerade nicht für einen anderen offiziellen Einsatz unterwegs ist, sondern sich für seinen Verein beim Heimspieltag zur Verfügung gestellt hat. Falls du Pech hast, ist es ein mehr oder weniger ambitionierter Funktionär oder gar Zuschauer, der seine Künste mit der Pfeife zeigen will.

In allen Fällen wird die Liebe und Zuneigung zum eigenen Handballverein sich im Entscheidungsverhalten bemerkbar machen. Ein klares, offenes Benachteiligen mit dem Anlegen zweier verschiedener Maßstäbe ist zwar selten zu beobachten, aber dummerweise gibt es ja noch die berühmt-berüchtigte Grauzone. In jedem Spiel tauchen einige Situationen auf, die man so oder so beurteilen kann. Normalerweise gleicht sich dies im Spielverlauf wieder aus. Wenn nun aber der Heimschiedsrichter die Heimvereinsbrille konsequent aufhat, wird es für dich mit deiner Gastmannschaft sehr schwer werden zu gewinnen. Nach meiner langjährigen Erfahrung und dem Vergleich von Heim- und Auswärtsspielergebnissen musst du durchschnittlich fünf bis sieben Tore besser sein, um die einseitigen Pfiffe des Heimschiedsrichters gegen dich auszugleichen.

Ein Rat in dieser Situation lässt sich schwer geben. Ich habe es einige Zeit lang damit probiert, vor dem Spielbeginn das Gespräch mit dem Schiedsrichter zu suchen. Leider entziehen sich viele dieser Möglichkeit, sodass man Dinge wie Fair Play und Unparteilichkeit nicht ansprechen kann. Außerdem nützt das meistens gar nichts.

Die beste und radikalste Lösung ist immer noch, den Heimschiedsrichter abzuschaffen und durch offiziell berufene Referees zu ersetzen. Oft wird angesichts der erheblichen finanziellen Mehrbelastungen – Schiedsrichter sind ganz schön teuer – davor zurückgeschreckt. Andererseits sollte sich jeder fragen: Haben nicht auch unsere jungen Handballspieler und -spielerinnen das Recht auf eine fachkundige, faire und gerechte Spielleitung durch gut ausgebildete, neutrale Referees?

Der Trainer

Ich bin der Chef!

Dein größter Gegner: du selbst

Ach, wie herrlich ist es, ein Trainer zu sein! Du tauchst auf als Fachfrau/ Fachmann und niemand redet dir rein. Du kannst dich endlich frei und kreativ verwirklichen. Das Handballtraining ist für manchen eine tolle Spielwiese zum Ausbreiten seines Egos. Selbstverliebtheit und Geltungsdrang finden keine Grenzen, denn wer sollte dir schon im Training widersprechen? Darin steckt eine große Gefahr. Eigentlich weißt du, dass du keine Wunder und sensationellen Erfolge bewirken kannst. Aber da sitzt in einem Eckchen des Gehirns das kleine Teufelchen und flüstert dir ins Ohr: „Denen werde ich es zeigen!" Und einige Menschen sind mit einem phänomenalen Selbstbewusstsein ausgestattet. Darüber hinaus hat ja auch der Verein händeringend nach Jugendtrainern gesucht.

Darum entwickelt so mancher tolle Ideen und will das Rad noch einmal erfinden. Das ist leider falsch. Zwar heißt es so schön: Aus Fehlern lernt man. Doch allzu schnell ist ein Jahr vergangen und die Mannschaft hat nicht sehr viel dazugelernt. Ein verlorenes Jahr ist schwer aufzuholen und als Trainer baust du Stück für Stück wie bei einem Haus auf. Da müssen das Fundament und das Erdgeschoss stimmen, bevor die nächsten Stockwerke obendrauf gesetzt werden können.

Nun könnte man das alles locker betrachten und sagen: Ist ja nicht weiter schlimm, ist nur Freizeitsport, nur Hobby, ist doch nur Handball. Trotzdem: Die Verantwortung für den sportlichen Erfolg und die Ausbildung hat der Trainer. Daher hat für mich immer gegolten: Sei selbstkritisch, hinterfrage dein Training immer wieder! Halte Augen und Ohren offen und nimm von anderen mit, was du nur kriegen kannst! Selbst wenn du ein gestandener Spieler oder eine Spielerin mit Erfahrung in den oberen Ligen bist, ist gerade dies ein großes Hindernis. Kinder- und Jugendtraining folgt seinen eigenen Gesetzen. Da helfen die Übungen aus dem Erwachsenentraining vom letzten Jahr deines Aktivseins nicht viel. Manches kann angepasst genutzt werden, einiges darfst du vergessen, vieles Altersspezifische weißt du nicht. Im Kinder- und Jugendtraining kommt es darauf an, zu bestimmten Zeiten das Angemessene zu üben. Wer das nicht einsieht, wird scheitern und fürchterlich enttäuscht sein.

Autorität

Im Verhältnis zur Mannschaft musst du ebenfalls fähig zur Selbstkritik sein. Auch ein Jugendtrainer kann die Bindung zu seiner Mannschaft und damit seine Autorität verlieren. Der gute Kontakt wird vielleicht gleich zu Beginn der Tätigkeit gestört, wenn du Mühe hast, dich durchzusetzen. Die kleinen Biester versuchen sofort, Spielräume auszunutzen, und tanzen dir schnell auf der Nase herum. Mit Schmeicheleien und Vorschlägen setzen sie dich unter Druck: „Walter, spielen wir heute wieder Fußball? Das war letztes Mal so schön!"

Wenn du dann sagen kannst: „Schaut mal, ich habe mich eine halbe Stunde auf das Training vorbereitet, mir viel Mühe gemacht und neue Übungen aufgeschrieben, die möchte ich heute machen!", dann kannst du deine Linie durchbringen. Autorität muss durch konsequentes Handeln und klare Verhaltensregeln erarbeitet werden. Da musst du durch. Das kann eine Weile dauern, doch nach einem Vierteljahr sollte etwas zu spüren sein.

Oder du bekommst mitten in der Saison eine Krise, weil du beruflich stark beansprucht wirst, es Familienprobleme gibt oder sonstige Hindernisse auftauchen. Es ist schwierig, hier Ratschläge zu geben. Manchmal bleibt wirklich nur übrig, schnell die Konsequenzen zu ziehen und das Traineramt aufzugeben. Ich habe mir einmal die Enttäuschung darüber, dass die Mannschaft nicht so, wie ich es mir vorstellte, mitgezogen und die entscheidenden beiden letzten Meisterschaftsspiele leider verloren hatte, zu sehr anmerken lassen. Daraufhin musste ich die Mannschaft abgeben, weil kein Vertrauen mehr da war.

Wenn ein Spieler offen fragt: „Was bringt denn das? Das bringt doch nichts!", dann hast du ein Autoritätsproblem.

Das kann entstehen, wenn die Eltern aus irgendwelchen Gründen über den Trainer hergezogen sind oder andere Spieler über ihn geschimpft haben. Dann fühlt sich das Kind stark und wagt es, zum Angriff auf dich überzugehen. In diesem Fall solltest du dir tunlichst Zeit nehmen und die Übung sachlich und sehr ausführlich erklären. Nur mit Fachwissen stellst du deine Autorität wieder her. Hast du das Gefühl, genug erläutert zu haben, kann wieder praktisch geübt werden. Endlose Diskussionen sind nervig und Streit sowieso, aber manchmal muss ein Spieler „nieder-argumentiert" werden. Solche Situationen solltest du feinfühlig erkennen.

Psychologisches Konzept

Nachdem du keinen Mentaltrainer, wie sie Bundesligateams besitzen, für deine Jugendmannschaft finden konntest, musst du selbst diese Aufgabe übernehmen. Ich habe dies für mich so gelöst: Ich möchte mit jedem Spieler mindestens einmal in jedem Training intensiven, direkten Kontakt aufnehmen und ihn als Einzelnen persönlich wahrnehmen. Das kann ein ausdrückliches Lob für einen gelungenen Torwurf sein. Oder ich würdige seine neuen Sportschuhe, dass er mit dem Fahrrad alleine zur Halle ge-kommen ist, oder ich frage, warum er letztes Mal gefehlt hat. Manchmal reicht auch die Frage, wie es ihm in der Schule geht. Anknüpfungspunkte für ein persönliches Ansprechen findest du mit einiger Fantasie immer. Und wenn du es dieses Mal nicht bei allen schaffst, dann eben im nächsten Training.

Das Mannschaftsgefüge formen

Nach der Vorbereitung sollte klar sein, wer unter die ersten sieben fällt und am Anfang des Spiels immer aufläuft. Dies gibt den Spielern Sicherheit und die Rangordnung im Team wird sichtbar. In jeder Mannschaft muss es Führungsspieler geben. Manchmal fallen dabei das sportliche und das soziale Führen nicht zusammen. Ich hatte einmal einen Kreisläufer, der den Rückraum anschnauzte, wenn die Taktik nicht eingehalten wurde oder die Spielzüge fehlten. Über ihn steuerte ich die Mannschaft viel besser als über den Mittelmann, welcher zwar oft zehn Tore warf, aber sich gegenüber den Mitspielern nicht durchsetzen konnte. Da in den hochklassigen Finalspielen immer die Auswahlspieler entscheidend sind, muss man diesen deutlich das Vertrauen schenken und sie zur Höchstleistung anspornen. Andererseits ist der vorletzte Bankspieler ebenso wichtig für die Mannschaft. Es wird in jeder Saison der Tag kommen, an dem ihn das Team wegen Verletzungen oder Fehlzeiten anderer dringend braucht. Manchen weist man die Rolle als Joker oder als universaler Helfer auf allen Positionen beim Auswechseln zu. Gehört jemand dem jüngeren Jahrgang einer Altersklasse an, sollte man die Fortschritte betonen und die steigenden Fähigkeiten im nächsten Jahr hervorheben.

Noch zwei Tipps zur Mannschaftssteuerung: Es hat sich in Spielen gegen schwache Gegner bewährt, mal jemand anderes auf die vorgezogene Mitte-Position (VM) zu stellen, um ihn mit abgefangenen Bällen und schnellen Tempogegenstößen viele Tore erzielen zu lassen und ihm somit Erfolgserlebnisse zu verschaffen. Wenn immer ein und derselbe Spieler auf dieser Position 15 Tore wirft, werden die Kollegen neidisch, deswegen soll ruhig einmal jemand anderes dort spielen, um sich beweisen zu können – oder auch nicht. Ansonsten gilt natürlich der alte Grundsatz: „Niemals ein erfolgreiches Team ändern!" Folgendes scheint diesem auf den ersten Blick zu widersprechen: Willst du als Trainer viel Druck machen, dann nimmst du immer zwei bis drei Spieler vom jüngeren Jahrgang hinzu und setzt sie sofort ein, wenn von den Stammspielern jemand einen Fehler macht bzw. eine schlechte Tagesform hat. Derart abgestrafte Sportler strengen sich im Training und in den folgenden Wettkämpfen natürlich besonders an. Voraussetzung ist allerdings, dass du Jahrgangsmannschaften und genügend leistungsbereite Spieler hast. Beliebt wirst du dadurch natürlich nicht sein.

Die Gestaltung des Trainings

Der Einfluss der Teilnehmerzahl auf das Training

Wenn es zu viel wird

In den Kindermannschaften haben wir im Handball oft noch stolze Teilnehmerzahlen. Spätestens bei 25 Kindern jedoch wächst die Sache jedem Trainer über den Kopf. Ein Sportlehrer würde zwar sagen: „Ist doch in der Schule alltäglich!", aber ab einer bestimmten Anzahl ist ein vernünftiges Üben nicht mehr möglich. Die Intensität nimmt ab, einige stehen immer nur herum und die Kinder langweilen sich bzw. machen Unsinn. Auch bestimmt normalerweise die maximale Spielerzahl einer Mannschaft (in der Regel zwölf oder vierzehn) die Kadergröße. Daher wird man meistens ab 20 Teilnehmern zwei Mannschaften bilden und neue Trainingszeiten ausfindig machen müssen. Es gibt übrigens nichts Schlimmeres für einen Trainer, als von 17 Spielern (falls nur 14 erlaubt sind) drei Stück nach irgendwelchen Kriterien auszuwählen, die am Wochenende nicht spielen dürfen. Auch wenn man zu Begründungen wie mangelnde Trainingsbeteiligung („Du kannst dienstags ja nicht kommen!") oder Unerfahrenheit („Na ja, du bist erst zwei Monate dabei!") greift, ist es immer sehr traurig, nicht mitspielen zu können. Und solche Spieler springen natürlich sehr schnell ab. Du kannst dann nur versprechen, dass beim nächsten Spiel andere aussetzen müssen oder dass sie zumindest mit auf der Bank sitzen dürfen.

Schwankungen der Trainingsbeteiligung

Man erlebt leider manchmal starke Schwankungen in der Trainingsbeteiligung, dennoch kann im Lauf der Zeit der Trainer von etwa so und so vielen Teilnehmern ausgehen, die regelmäßig ins Training kommen. Auf diesen Richtwert sind die Übungen abzustimmen. Allerdings liegt darin auch die Gefahr, dass man in der Routine erstarrt. Bei zehn Spielern darf nicht immer fünf gegen fünf gespielt werden.

Minimum

Viele Trainer drehen sofort um, wenn nur fünf oder sechs Spieler vor der Halle stehen und auf ihn warten. Ein Training ausfallen zu lassen ist sehr einfach und bequem. Meine Erfahrung ist, dass ab drei Spielern durchaus ein sinnvolles Training gemacht werden kann. Einschließlich Coach (3+1= 4!) kann man kleine Spiele machen, etwa Fußball auf kleine Kästen oder Basketball. Danach widmet man sich intensiv den technischen Mängeln der einzelnen Spieler und feilt an den Würfen oder Täuschungen. Dieses Einzeltraining in der Kleingruppe belohnt durchaus die erschienenen Spieler. Meine Meinung ist: Jedes Training kann etwas bringen und die Halle sollte sowieso immer genutzt werden.

Die Idealzahl an Teilnehmern bei Übungen

Jeder wird sofort zustimmen, dass für eine Handballmannschaft 14 Teilnehmer im Training ideal sind. Dann kann nämlich in der Standard-Spielerzahl mit sieben gegen sieben gespielt und geübt werden. Tatsächlich kommen im Training jedoch sehr viele Übungen vor, die sich nicht an der Idealzahl ausrichten. Am einfachsten sind Übungen, welche immer von einem Spieler allein ausgeführt werden können (Beispiel: Gymnastik) oder sich veränderlich gestalten lassen (z.B. Torwurf). Will ich etwas in einer Fünfergruppe üben, brauche ich mindestens fünf Teilnehmer. Was aber, wenn die Gesamtteilnehmerzahl nicht durch fünf teilbar ist? Ganz klar: Dann muss ich entweder auf die Übung verzichten oder sie umgestalten. Manchmal kann man die Übriggebliebenen fortlaufend zu einer Fünfergruppe auffüllen, manchmal geht auch dies nicht. Sehr kunstvoll ausgedachte Übungen, welche eine ganz bestimmte Teilnehmerzahl erfordern, sind im Alltag mit seinen Überraschungen selten anwendbar und daher besser zu vermeiden.

Stimmt die Anzahl der Spieler nicht mit der Idealzahl überein, siehst du auf den ersten Blick nur Schwierigkeiten und neigst schnell dazu, die Übung wegfallen zu lassen. Vor allem taktische Übungen sind problematisch. Mit etwas Fantasie kann man sie aber doch durchführen, wenn man die Situation nicht zu starr sieht.

Eine Übung der Spielerzahl zwischen drei und achtzehn anpassen

In dieser Sprungwurfübung wird gezeigt, wie du mittels Ersetzen von Spielern durch Geräte, durch Verdoppeln des Ablaufs auf zwei Seiten sowie geschicktes Auffüllen mancher Positionen eine große Bandbreite bei der Spielerzahl abdecken kannst.

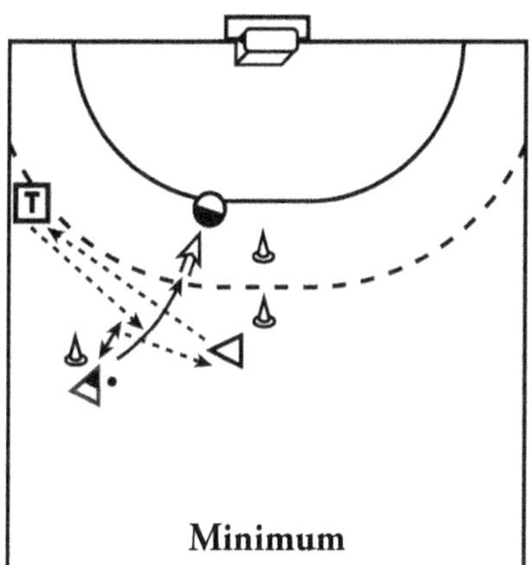

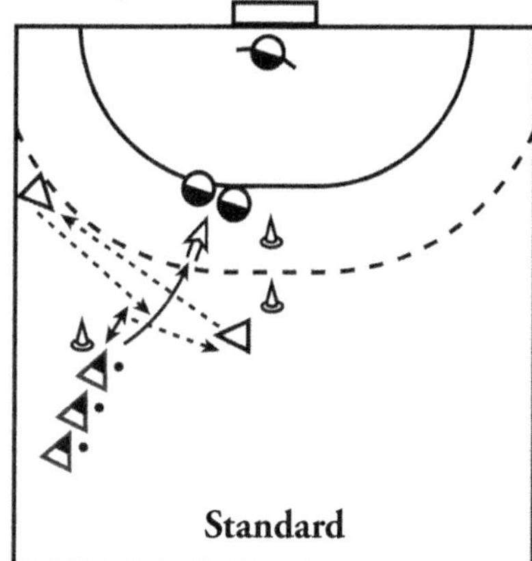

Theoretisch genügt ein Werfer und der Trainer als Zuspieler, der Torhüter und die Verteidiger können durch große Kästen (und davor gestellte Turnmatten) ersetzt werden. Allerdings wird die Übung dann nicht sehr wirklichkeitsgetreu. Ab neun Spielern kannst du verdoppeln.

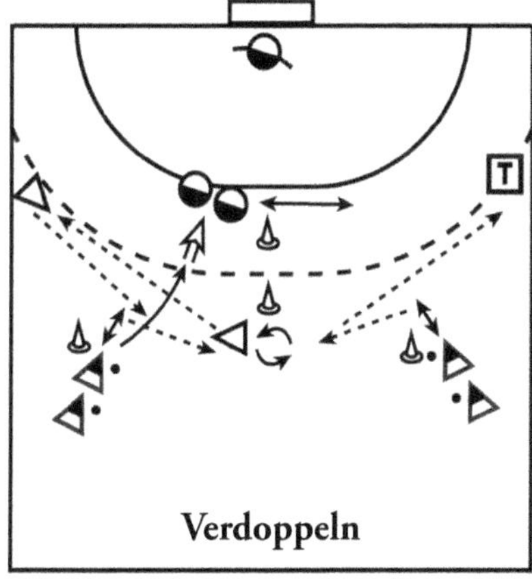

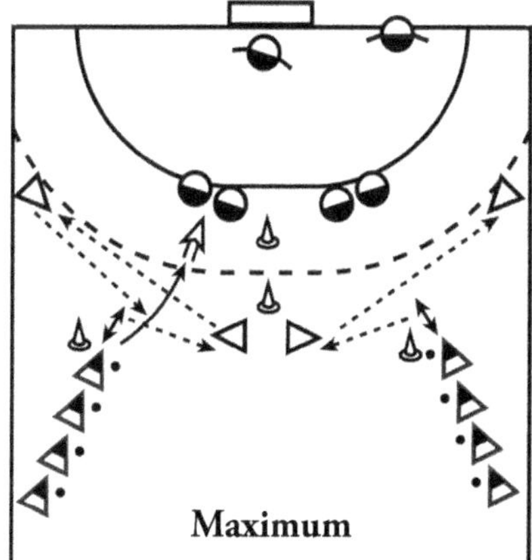

Beim Maximum schleichen sich leider lange Standzeiten ein, welche die Übung langsam, aber sicher entwerten. Noch ein Beispiel: Will man etwa das Überzahlspiel sechs gegen fünf in einer Spielfeldhälfte üben, geht das mit zehn bis dreizehn Teilnehmern letztlich problemlos.

⇨   Bei zehn Spielern: Du füllst mit dem Trainer als elftem Spieler auf, ins Tor kommt ein großer Kasten, der Torwart spielt in der Verteidigung.
⇨   Bei elf: ein Kasten ins Tor, Torwart in die Verteidigung.
⇨   Bei zwölf: Ein Torwart wird jetzt ins Tor gestellt, dazu elf Feldspieler.
⇨   Bei dreizehn: Zwei Torhüter werden abwechselnd eingesetzt (z.B. wechseln sie sich nach jedem Angriff im Tor ab, der nicht Eingesetzte macht Gymnastik oder Dehnübungen).

Der Trainer und der eventuell vorhandene Co-Trainer oder möglicherweise sogar sportliche Eltern dürfen einspringen, wenn die Teilnehmerzahl bei solchen taktischen Dingen einmal nicht aufgeht. Ich habe in der E-Jugend einen Vater, welcher immer sehr früh seinen Sohn abholen kam, ab und zu ins Tor gestellt, wo er mit großer Begeisterung spielte, weil wir keinen zweiten Torwart hatten.

Der Trainer als Mitspieler

Dennoch Vorsicht: Als aktiver Mitspieler sollte sich der Trainer bei Kindern Zurückhaltung auferlegen, denn er ist meistens derart überlegen, dass er bis auf diese Auffüllsituationen grundsätzlich ein aktives Mitspielen eher vermeiden sollte. Er darf beispielsweise nicht immer als Torwart alle Bälle halten (E-Jugend) oder den Kreisläufer zehnmal hintereinander perfekt anspielen (C-Jugend). Das ärgert oder ernüchtert die Spieler zu sehr, ist unangemessen und überflüssig, eine Demonstration reicht.

Die Teilnehmerzahl beeinflusst die Intensität der Übungen

Nehmen wir einmal an, du hast sechs Spieler im Alter von acht Jahren in der Halle und willst Wurftraining machen. Einer geht ins Tor, die anderen fünf stellen sich mit je einem Ball in einer Reihe hintereinander auf. Der erste passt zum Trainer, bekommt den Ball zurück und wirft auf das Tor. Dann holt er den Ball wieder und läuft zurück ans Ende der Schlange. Inzwischen haben zwei weitere Spieler geworfen. Jeder benötigt etwa vier Sekunden, bis der nächste drankommt. Der jetzt wieder anstehende Spieler hat noch zwei Spieler vor sich, muss also acht Sekunden warten. Das ist kurz genug, um seine Aufmerksamkeit aufrechtzuerhalten.

Machen wir das Rechenexempel jetzt mit zwölf Spielern. Der Ablauf sei genau gleich. Der wieder anstehende Spieler hat dann jedoch 8 Spieler vor sich und muss (8 x 4) 32 Sekunden warten.

Das ist zu lange. Er wird sich langweilen, in der Nase bohren, mit dem Ball prellen, ihn an die Wand werfen, mit dem Vordermann ein Gespräch über den dicksten Mann der Welt führen oder sich mit dem

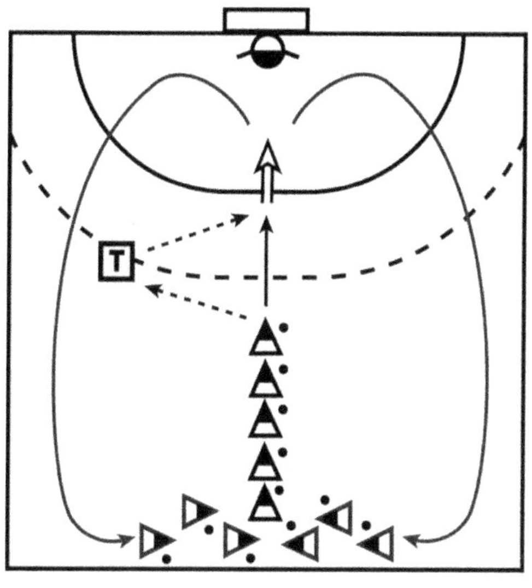

Hintermann prügeln. Es bleibt nichts anderes übrig, als den Ablauf zu ändern. Ich stelle zwei Reihen mit je einem Zuspieler auf, es wird abwechselnd geworfen und der Ablauf erfolgt schneller hintereinander. Dann gelingt es, jeden Einzelnen wieder nur acht oder zehn Sekunden warten zu lassen.

Man kann das Rechnen noch weiter treiben. Nehmen wir einmal an, du ziehst das Wurftraining 20 Minuten durch. Beim ersten Beispiel mit sechs Spielern braucht der erste vier Sekunden für sich selbst, benötigt acht weitere, um sich wieder einzureihen und kommt nach noch einmal acht Sekunden erneut zum Wurf. Es bildet sich eine Zeitspanne (Intervall) von 20 Sekunden pro Spieler heraus, bis er wieder werfen kann. Umgerechnet auf 20 Minuten Übungszeit kommt der Spieler dreimal in der Minute dran, wirft also 60-mal.

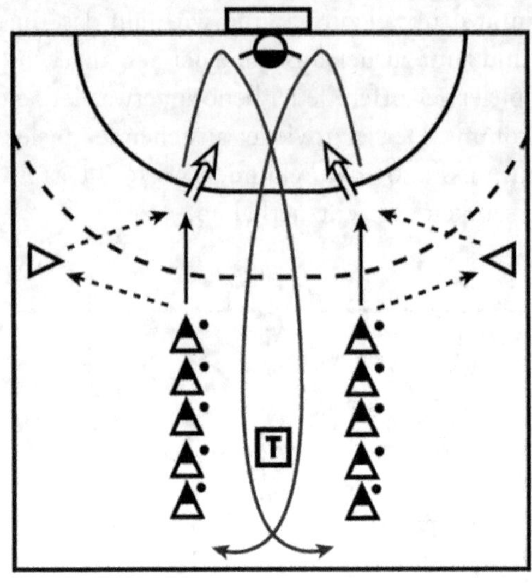

Beim Beispiel mit zwölf Spielern (elf hintereinander in einer Reihe) braucht der erste vier Sekunden für sich selbst, benötigt acht zum Einreihen und kommt nach 32 Sekunden wieder dran. Rechnen wir mit einer Zeitspanne von 44 Sekunden, kommt der Einzelne nun in 20 Minuten bloß noch 27-mal (gerundet) dran.

Du siehst, wie du die Übungshäufigkeit verringerst und somit Zeit verschwendest, wenn du Übungen nicht optimal organisierst. Dabei gilt: Je größer die Teilnehmerzahl, desto schwieriger wird es, die Zeit effizient zu nutzen und die Spieler möglichst oft die Übung durchführen zu lassen.

Zusatzaufgaben und Rückwegstationen

In verschiedenen Medien wird vorgeschlagen, Zusatzstationen und Nebenbeschäftigungen durchführen zu lassen, sodass möglichst viele Kinder aktiv sein können. Ich finde diese Vorschläge zwar gut, aber es entstehen schnell Probleme damit.

Erstens ist es schwierig, alle Stationen im Blick zu haben. Die Fortgeschrittenen führen auf einmal Experimente durch, die Schwächeren laufen, ohne die Station auszuführen, einfach vorbei. Dann musst du Ermahnungen aussprechen, sonst herrscht schnell Chaos.

Zweitens geht oft der Konkurrenzgedanke verloren. Dann werden die Übungen lasch und ineffektiv ausgeübt. Andere übertreiben und überholen provozierend alle, um zu zeigen, wie gut sie sind.

Wenn ich mich als Trainer in eine Ecke oder an den Rand zurückziehe, um möglichst viele Spieler im Blick zu haben, kann ich frühzeitig eingreifen und Undiszipliniertheiten im Keim ersticken. Aber je unübersichtlicher der Parcours wird oder sich die Meute aufsplittert, desto mehr Konflikte werden entstehen. Das mag ich nicht haben. Derlei Dinge sind nur möglich, wenn du einen Co-Trainer oder ältere Jugendspieler zur Verfügung hast. Und selbst dann kann zu viel entgleisen.[24]

Also bitte Vorsicht bei diesen Dingen.

Kleine Tipps zur besseren Organisation

⇨   Nicht nur eine Reihe oder Schlange bilden, sondern mehrere!
⇨   Mehrere Zuspieler oder Verteidiger einbauen.
⇨   Einer läuft, zwei schauen zu – nein, alle drei laufen!
⇨   Ab der C-Jugend in Gruppen aufspalten und auf der Seite eigenständig weitere Aufgaben machen lassen, aber im Auge behalten!
⇨   Die Torhüter eine Zeit lang alleine üben lassen, mit den Feldspielern Technik trainieren.
⇨   Stangen, Hütchen etc. aufstellen, das erleichtert den Spielern die Orientierung und gibt die gewünschten Abstände genau an.
⇨   Wettbewerbe einbauen, dann strengen sich alle auf einmal an.
⇨   Koordinations- oder Kraftübungen am Schluss mit Torwürfen koppeln.
⇨   Bälle in einer Ballkiste beim Trainer sammeln. Nur wer die Übung korrekt und schnell ausgeführt hat, bekommt zur Belohnung einen Ball zum Werfen.

Zuschauer gibt es nicht, nur Mitmacher

Für zuschauende Kinder gilt grundsätzlich, dass Mitmachen angesagt ist. Ein Spieler hat seinen Freund doch gerade deswegen mitgebracht, damit er das Handballspiel mal ausprobieren kann. Manchmal braucht dieser eine gewisse Anlaufzeit, aber spätestens nach zehn Minuten Zuschauen kann man den Neuen dazu bewegen, mitzumachen. Erhöht sich dadurch die

---

24 Vgl. handballtraining JUNIOR, Nr. 04/2012, Dirk Mimberg, „Ganzheitliches Training auf kleinstem Raum", S.54 – 62, siehe besonders den Praxistipp auf Seite 58, wo diese Problematik leider nur oberflächlich angesprochen wird.

Teilnehmerzahl, dürfte das dem erfahrenen Trainer bei seinen Übungen (s. o.) keine Probleme bereiten. Hoffe ich doch.

Ansonsten sollten die jungen Zuschauer (bis auf Ausnahmefälle wie kleiner Bruder oder Verletzter) die Halle verlassen. Denn allzu oft sind sie Störfaktoren auf der Tribüne oder neben dem Spielfeld.

Der Gebrauch von Geräten im Training

Der Ball – blau, orange, weich oder hart, mit oder ohne Haftmittel?

Das Lieblingsgerät eines Handballers ist natürlich „sein" Ball. Der eine liebt ihn hart und gut hochspringend, der andere weich und griffig. Und da die Profis alle nur „klebrig" spielen können, stehen bald die Harzbüchsen am Spielfeldrand. Wenn man dann am Tor vorbeigeworfen hat, war alles Mögliche schuld, nur nicht der Werfer. Der Trainer sollte darauf hinweisen, dass ein guter Handballspieler mit jedem Ball und auch ohne Harz spielen können muss. Harz- bzw. Haftmittelverbot in der Jugend ist sehr oft vorgeschrieben. Das muss konsequent eingehalten werden, sonst gibt es nur Ärger mit dem Hausmeister, der Schule oder der Hallenverwaltung. Heutzutage müssen meist wasserlösliche Haftmittel benutzt werden. Wenn also ein Schlaumeier unauffällig seinen Ball geharzt hat und du merkst es, darf er erst mal seinen Ball in der Umkleide abwaschen.

Leider sind oft die Hände sehr klein und der Handball zu groß. Das ist ein immer wieder auftretendes Problem. Abhilfe könnte hier nur der Verband schaffen, welcher kleinere Bälle zulassen müsste. Ich habe in meinem Ballnetz immer zwei Weichschaumbälle mit sogenannter Elefantenhaut, die sich leicht eindrücken und greifen lassen. Sie sind sehr beliebt und helfen den Anfängern oder schwächeren Spielern bei ihren Problemen.

Das Ballaufpumpen kann jeder selbst erledigen. Notfalls muss der Verein eine elektrische Pumpe anschaffen. Das sollte möglich sein. Eine Handpumpe findet auch in der Sporttasche des Trainers oder eines Spielers Platz und ist immer mal wieder nützlich (z.B. auswärts). Das Aufpumpen muss übrigens vor Trainingsbeginn erledigt werden. Nach den Ferien sind die meisten Bälle abgeschlafft und es braucht viel Zeit, alle wieder aufzupumpen.

Typisch ist das Raufen um einen bestimmten Lieblingsball, wenn der Verein die Sportgeräte stellt. Dann leert der Trainer das Ballnetz immer sofort aus. Keiner sucht sich im Netz schon einen Ball aus. Genügend Bälle in gleicher solider Beschaffenheit sind die Voraussetzung für gutes, gelungenes Üben. Die Investition in 15 gute Handbälle ist absolut notwendig. Denke daran: Ohne gutes Handwerkszeug kann kein Handwerker seine Arbeit ordentlich erledigen. Hat der Verein kein Geld, startest du jedes halbe Jahr eine Kaufaktion über die Eltern oder bietest über den Verein billige Bälle an. Wozu gibt es denn Weihnachten und Geburtstage? So teuer ist das nicht mehr. Ab der D-Jugend kann auch jeder auf seinen eigenen Ball aufpassen. Natürlich werden die privaten Bälle der Kinder auch öfter verloren gehen, aber dann hast du immer zwei oder drei Bälle irgendwo als Reserve deponiert.

Keine Geräte – auch möglich

Selbstverständlich kannst du dich beim Training auf ein Tor, das Spielfeld und Handbälle beschränken. Wer aber immer auf weitere Geräte verzichtet, verschenkt viele Möglichkeiten der Abwechslung, Erweiterung und Bewegungsvielfalt. Es kommt mit einem neuen Gerät sofort etwas anderes, etwas Aufregendes ins Spiel, das Training wird kurzweiliger. Viele Übungen lassen sich auch gar nicht ohne Geräte durchführen. Und in jeder Sporthalle stehen normalerweise die Standardturngeräte zur Verfügung. Darüber hinaus ist es eine Finanz- und Organisationsfrage, ob zusätzliche Dinge angeschafft werden. Natürlich stecke ich ab und zu meine Nase in die einschlägigen Kataloge oder schaue auf Anzeigen im Trainerheft. Da gibt es viele tolle Sachen.

Viele Geräte

Geräte haben allerdings auch Nachteile, man muss sie z.B. aufbauen. Das Holen und Aufräumen ist oft mühsam, manche Turngeräte sind groß und schwer, es werden also mehrere Helfer benötigt und außerdem kostet dies alles Zeit, die vom eigentlichen Trainieren abgeht. Daher ist beim Geräteeinsatz einiges gut zu überlegen. Ein weiterer Nachteil von Geräten ist das Sicherheitsproblem. Langbänke können umkippen (festhalten oder Fuß darauf stellen), Weichschaummatten sich verschieben (mit Turnmatten blockieren) und so fort. Außerdem erzwingt der Einsatz eines großen Kastens das Holen einer Turnmatte, um den Aufsprung abzudämpfen. Das dauert dann wieder länger, weil zwei Geräte aufgebaut werden müssen. Die Turngeräte reizen natürlich auch zum Ausprobieren. Und die schweren Geräte können beim Auf-/Abbau Verletzungen verursachen. Du solltest die Kinder also schon gut im Auge behalten und bei den wuchtigen Arbeiten unbedingt selbst mit anpacken.

Schnelle Hilfsmittel

Andere Hilfsmittel wie Hütchen (Pylone), Überziehhemdchen, Weichschaumblöcke oder sonstige Bälle (Volley-, Basket-, Rugby-, Tennisbälle etc.) sind einfacher einsetzbar, da handlicher und leichter. Hier stellt sich eher die Frage, ob sie überhaupt verfügbar oder in ausreichender Anzahl vorhanden sind. Und manches ist auch gar nicht teuer. Ganz leer wird dein Geldbeutel hoffentlich nicht sein. An der Tankstelle fand ich einmal einen Indiaca-Ball mit eingebauter Sirene, er überlebte etwa zehn Minuten beim Spielen. Beim Frisbeespiel gingen zwei Scheiben schnell kaputt, aber das war egal. Vor allem hat es den Kindern Spaß gemacht und diente der Auflockerung. Mit Schwund musst du eben rechnen.

Tipps beim Einsatz von Geräten

Um den Zeitaufwand klein zu halten, bietet es sich an, die Geräte bei einigen Übungen durchgehend einzusetzen. Ein Beispiel mit Langbänken: Man verwendet sie im Aufwärmteil zum Überspringen und Darumherumprellen, beim Aufwärmspiel trennt man die Mittellinie mit ihnen ab, das Passen wird über sie hinweg geübt und im Wurftraining lässt man sie per Sprungwurf überspringen. Also je einmal auf- und abgebaut, dreimal umgestellt, viermal verwendet. Das Umstellen geht wesentlich schneller als das Holen und Wegbringen. Ähnlich lassen sich auch blaue Turnmatten, Böcke und Weichschaummatten einsetzen.[25]

25 Das Prinzip der durchgehenden Geräteverwendung wurde konsequent bei den sog. „Aufwärmprogrammen" angewandt. Vgl. hierzu Hiltrud Klein/Hans Joachim Müller (Hrsg.), „Aufwärmprogramme, Bewegungsschulung mit Musik, neue Spiele", (Beiträge zur Trainings- u. Wettkampfentwicklung im Hallenhandball Bd. 36), Mandelbachtal 1985; Joachim Matschoß/Hans-Joachim Blietz, „Aufwärmen – Wurftraining", Hamburg 1987.

Eine weitere Möglichkeit ist, während ein Aufwärmspiel läuft, nebenbei einen Geräteparcours auf der Seite oder in einem abgegrenzten Raum aufzubauen. Wenn die Kinder in der Lage sind, Regelverstöße selbst zu ahnden, oder du sie mit der Pfeife im Mund beim Aufbau gut beobachten kannst, dürfte dies durchaus möglich sein.

Die Turngeräte sollten schon vor dem Training aufgebaut bzw. bereitgestellt werden. Oder aber du setzt die gesamte Mannschaft ein, jeder packt mit an. Das funktioniert jedoch nur, wenn sehr viel aufzubauen ist. Sind nur einige Gerätschaften zu holen, ist es besser, wenn einige Kinder gezielt angesprochen werden und eine genau beschriebene Aufgabe erhalten. Das könnte so sein: „Peter und Kevin, ihr holt zwei blaue Turnmatten und legt sie zum Siebenmeter da an den Torraum!"

Über ein mögliches Drückebergerproblem wurde an anderer Stelle schon einiges gesagt.

Gutes Training

Handball heute und morgen

Um Handball trainieren zu können, muss man das Handballspiel kennen. Dies ist eine so selbstverständliche Voraussetzung, dass sie eigentlich nicht erwähnenswert sein sollte. Trotzdem musst du kurz darüber nachdenken. In der heutigen Zeit reicht es nicht, nach den Methoden des guten alten Feldhandballs zu üben. Außerdem entwickelt sich der Spitzenhandball immer weiter und viele kluge Köpfe denken pausenlos darüber nach, wie sie das Spiel ihrer Mannschaften verbessern können. Auch Sportwissenschaftler und Verbandstrainer tüfteln neue Methoden aus. Das schlägt sich in entsprechenden Fachartikeln und sonstigen Medien nieder. Also wird sich immer etwas ändern, es verschieben sich Schwerpunkte, z.B. vom Kernwurf zum Sprungwurf, kommen neue Gesichtspunkte (1., 2., 3. Welle usw.) hinzu. Daraus abgeleitet besteht für mich als Jugendtrainer die Verpflichtung, aktuell auf dem Laufenden zu sein, Weltmeisterschaften zu beobachten und Bundesligaspiele anzuschauen. Die Spieler oder Eltern werden wahrscheinlich auch Fragen dazu stellen. Ein ehemaliger Bundesligatrainer, der seinen Sohn in der D-Jugend trainierte und mir verschiedene Spielvideos von ihm zeigte, meinte: „Heute geht der Trend (beim Sprungwurf) vom Drei-Schritt-Anlauf zum Ein-Schritt-Wurf. Also versuche ich dies schon in der Jugend einfließen zu lassen." Damit zeigte er sich als aufmerksamer Beobachter der Entwicklung des Handballspiels. Ob allerdings dies schon in der D-Jugend reibungslos umzusetzen ist, steht auf einem anderen Blatt. Ich wenigstens wäre froh, wenn meine normal begabten Spieler erst mal den Sprungwurf mit drei Schritten beherrschen würden.

Zergliederungsmethode

Ganz allgemein wird in jeder Sportart im Training meist nach der Zergliederungsmethode gearbeitet. In unserem Fall zerlege ich das Handballspiel in einzelne Teile und übe sie isoliert, bis sie gekonnt werden. Dies sind Grundelemente wie Prellen, Passen, Werfen, Festmachen, Blocken, aber auch Raumaufteilung, Umschalten zwischen Angriff und Abwehr, Regelwissen, Schiedsrichterbeobachten und vieles mehr. Oder es sind umfassendere Teile wie der Tempogegenstoß, der Positionsangriff, die Manndeckung und so weiter. Danach wird alles im Spiel wieder ganzheitlich zusammengefügt.

Vorübungen

Wenn etwas im Training nicht gekonnt wird, ärgert dies jeden Trainer. Ich habe einmal erlebt, dass mein Kollege in der D-Jugend das Kreuzen einführen wollte. Leider klappte dies irgendwie nicht. Er trainierte dreimal hintereinander das Kreuzen, indem er drei Angreifer gegen zwei Verteidiger spielen ließ. Alles Vormachen und Erläutern nützte nichts, die Sache war aussichtslos. Dafür gibt es offensichtlich zwei mögliche Erklärungen: Entweder ist es für die Kinder von der geistigen und motorischen Entwicklung her zu früh für das Einführen dieses Elementes gewesen oder die Trainingsmethode war falsch.

Nun kann man in der D-Jugend schon mit dem Kreuzen anfangen, richtig verstanden und angewandt wird es jedoch meines Erachtens erst in der C-Jugend. Bei unserem Beispiel diskutierte ich mit dem betreffenden Trainer und schlug dann vor, die begabteren älteren Spieler auszusondern und mit ihnen eine Vorübung zum Kreuzen zu probieren. Auch bei dieser sehr vereinfachten Übung (siehe Grafik) hatten mehrere Kinder Probleme, das Kreuzen zu lernen und bei der Wiederholung im nächsten Training die Aktion nochmals

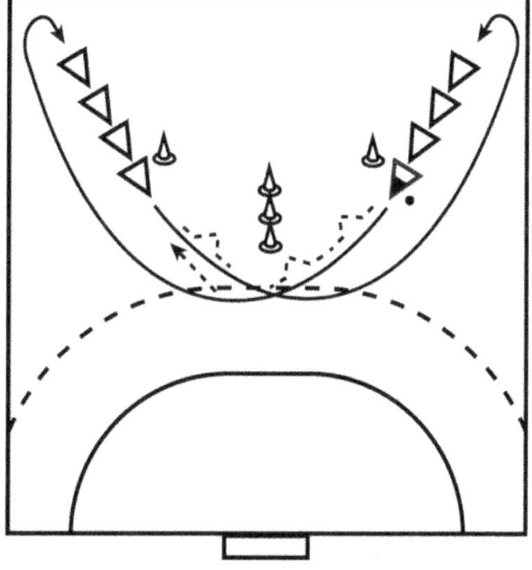

fehlerlos durchzuführen. Besitzt man als Jugendtrainer genügend Erfahrung, welche Dinge in einem gewissen Alter schon erlernbar sind, und berücksichtigt dies in seinem Training, dann fehlt es manchmal nur an Vorübungen. Du merkst, manche können schon die verlangte Aufgabe ausführen, andere haben aber noch Probleme. Hier sollten Vorübungen vorgeschaltet werden. In der Regel sind diese einfach und leicht zu erlernen. Dann klappt es auch mit den Grundelementen, ich werde dir zwei Beispiele liefern. Und erst wenn die einzelnen Grundelemente[26] gekonnt werden, kann eine komplexere Übung nachfolgen und gelingen.

Vorübung zum Sprungwurf

Beim Sprungwurf bietet sich als Basiselement der Wurf aus dem Drei-Schritt-Anlauf an. Nun sind drei Schritte auch das Grundelement beim Prellen. Es ist also bestimmt nicht falsch, den Kindern das Ganze schmackhaft zu machen, indem du den Vergleich zum Prellen heranziehst: „Nach drei Schritten musst du prellen oder abspielen oder werfen. Das wisst ihr. Heute üben wir das Werfen nach drei Schritten!"

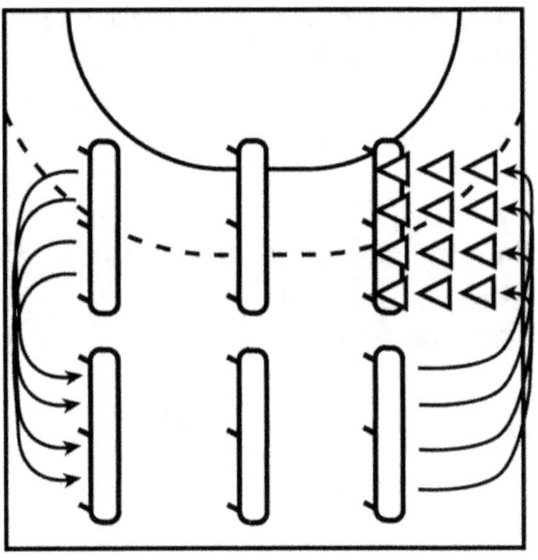

Ich bevorzuge die Methode mit Langbänken.[27] Die Spieler stehen auf einer Langbank, starten als Rechtshänder mit einem Schritt nach vorne und landen auf dem linken Bein. Dann zwei Schritte auf rechts und links.

---

26 In der sportwissenschaftlichen Fachsprache heißt das dann: „In der Stufe des Technikerwerbtrainings sind die Bewegungsvorstellungen für die fundamentalen Spielfertigkeiten und die Standardform (auch Grobform) der verschiedenen Elemente zu entwickeln. In dieser Phase gilt das Prinzip: Genauigkeit geht vor Schnelligkeit." Dagmar Lühnenschloß & Bernd Dierks, „Bewegungskompetenzen Schnelligkeit", Schorndorf 2005, S. 98.
27 Vgl. Erwin Singer, „Spielschule Hallenhandball", Stuttgart 1978, S. 101 ff.

Sie springen nun auf die Langbank (kein Weitergehen!) und landen mit beiden Füßen darauf. Dies fällt ihnen leichter, als mit dem Sprungbein zu springen und wieder auf ihm zu landen. Alles läuft in langsamem Tempo ab. Nach dem Sprung auf die Langbank müssen die Spieler anhalten können.

Eine andere Methode wäre, mit drei Reifen und einer Turnmatte zu schulen. Die Kinder laufen links – rechts – links durch die Reifen und springen dann auf die Turnmatte. Sie sollen dabei wieder auf dem Sprungbein landen. Wer will, kann auch das Schwungbein etwas (!) hochschwingen lassen. Dabei ist zu berücksichtigen, dass beim Hochziehen des Schwungbeinknies der Schiedsrichter wegen der

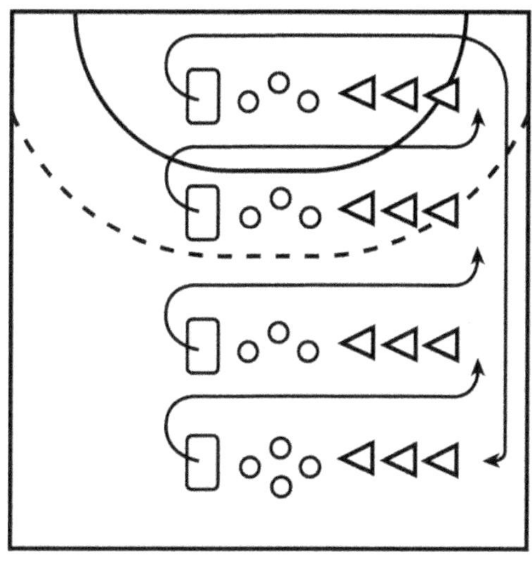

Gefährdung des Verteidigers pfeifen wird. Daher solltest du am Anfang dieses Schwungbein nicht zu stark betonen. Weitere Varianten mit den verschiedensten Hilfsmitteln sind möglich. Es wird aber immer anfangs ohne Ball gearbeitet und der Wurf erst am Schluss hinzugenommen.

Vorübung zur Körpertäuschung

Nun zu den Vorübungen bei der Körpertäuschung. Die klassische Täuschung mit Nullschritt ist ziemlich kompliziert. Zerlegt man sie in ihre Teile, stellst du folgende Elemente fest:
- ⇨ Springen und gleichzeitig Landen auf beiden Füßen;
- ⇨ Armbewegung mit Ball;
- ⇨ Neigen der Schulter zur Seite;
- ⇨ Abheben eines Fußes und nachfolgend eine festgelegte Schrittfolge.

Am Schluss soll alles zusammengefügt werden und funktionieren.

Ich habe jahrelang das Auswackeln (Neigen der Schulter zur Seite) trainiert und schließlich festgestellt, dass es eine ungeheure Breite der Ausführung gibt. Oder anders ausgedrückt: Jeder täuscht auf seine ganz persönliche Art und Weise. Dies hängt direkt damit zusammen, was der einzelne Spieler am besten hinbekommt. Wer gut den Ball fasst, täuscht gerne mit einer seitlichen Armbewegung (aber bitte nicht ins Gesicht des Verteidigers, bitte), wer bevorzugt den Ball mit beiden Händen fasst und vor dem Bauch hält, wackelt lieber mit den Schultern, wer mit dem Abheben des Fußes Probleme hat, zieht den Überzieher (Überleger) vor.

Hast du endlich alle Varianten nach links und rechts trainiert, wirst du feststellen: Im Spiel bevorzugen die Spieler ihre persönlich am besten funktionierende, erfolgreichste Täuschungsmethode und alles andere gerät schnell in Vergessenheit. Leider ist es so. Meine Folgerung: Alle Elemente trainieren und den Spielern anbieten und immer mal die Varianten wiederholen. Als einfachste Vorübung hat sich die Armbewegung mit dem gefassten Ball erwiesen. Paarweise gegenüberstehen, zwei Schritte vortreten und in Brusthöhe den Ball zur Wurfarmgegenseite hinbewegen. Dies bei jedem Aufwärmtraining machen zu lassen hinterlässt Wirkung. Um ein Gefühl für den Nullschritt zu bekommen, kann folgende Vorübung gemacht werden: Der Spieler hüpft auf einem Bein zweimal, landet auf beiden Füßen gleichzeitig (und stoppt kurz), hüpft dann auf dem anderen Bein zweimal und landet wieder im Nullschritt usw. (Grafik a).

Wird dies gekonnt, kommt die Armbewegung zur Wurfarmgegenseite hinzu. Sitzen diese beiden Elemente, stellst du kleine Kästen auf. Eine Stange daneben erzwingt mehr Abstand im seitlichen Vorbeigehen (Grafik b). Der Spieler hüpft wieder mit dem linken Bein zweimal, springt in den Nullschritt, hebt den rechten Fuß hoch und setzt ihn nach rechts, geht mit dem linken Bein nach vorne, hüpft noch einmal und springt beim nächsten Kasten in den Nullschritt usw..

Dann kommt die Armbewegung mit dem Ball hinzu. Schließlich verlangst du einmal Prellen nach dem Schritt nach rechts. Später reicht der Trainer dem Spieler den Ball in den Nullschritt aus kurzer Entfernung an, dann wird es ein richtiges Zuspiel usw..

Tja, der Weg zur guten Körpertäuschung ist schon kompliziert und schwer!

Vom Leichten zum Schwierigen

Einer der Standard-Lehrsätze heißt: Vom Leichten zum Schweren. Kommt dir das bekannt vor? Aber was bedeutet das in der Praxis? Ich will hier einige Hinweise für eine Stufenleiter geben, welche dir helfen können (siehe auch Kasten Schwierigkeitsstufen bei der Grundausbildung).

Die Kunst des guten Trainers besteht darin, Übungen zu entwerfen und durchzuführen, die vom Entwicklungsstand der Kinder ausgehen und die jeweiligen Anforderungen Schritt für Schritt erhöhen. Er muss aber während jeder Übung bereit sein, auch einmal weniger zu verlangen, wenn einige Probanden Probleme haben, und auf die geringere Schwierigkeitsstufe zurückkehren (z.B. vom Schlagwurf- zum Aufsetzerpass).

Hier ein Beispiel aus der E-Jugend (Acht- bis Zehnjährige):

Mit acht Hütchen wurde ein kreisförmiger Kurs gekennzeichnet, dazu kamen später noch vier Anspieler. Anwesend: zwölf Kinder, davon elf Rechtshänder.

- ⇨ Stufe 1 (leicht): Einfaches Prellen links herum.
- ⇨ Stufe 2 (schwerer): Einfaches Prellen rechts herum, alle (auch die Rechtshänder) müssen mit links prellen.
- ⇨ Stufe 3 (leicht): Links herum. Jetzt mit vier Anspielern, Position knapp neben dem zweiten, vierten, sechsten und achten Hütchen. Pässe erfolgen immer als Aufsetzer (leichteres Fangen), das Zuspiel ist fast geradeaus, der Rückpass aus der Nähe einfach. Dann wird zwei- bis dreimal geprellt und der nächste Anspieler angespielt. Auf richtige Abstände achten.

⇨   Stufe 4 (schwieriger): Das Passen variieren (Rollen, Schlagwurfpass, Druckpass).

⇨   Stufe 5 (schwieriger): Die Laufrichtung ist jetzt rechts herum, entsprechend sind die Anspieler neben dem zweiten, vierten, sechsten und achten Hütchen.

⇨   Stufe 6 (schwieriger): Wieder links herum. Die Anspieler stehen innerhalb des Kreises und die Rechtshänder müssen zur Wurfarmgegenseite passen bzw. fangen.

Du siehst bei genauem Hinschauen, die Kombination von Passen und Prellen hat je nach Organisationsform so ihre Tücken, denn es macht für die Kinder einen Riesenunterschied, ob der Pass von vorne oder seitwärts, von links oder rechts kommt. Natürlich empfiehlt es sich, auf dem einfachsten Niveau zu beginnen. Mach es nicht wie ein Kollege, der bei Stufe 6 anfing. Erschwerst du die Übung nach fünf bis sechs Runden, kommst du vielleicht nicht bis zum Schluss. Aber ein Vierteljahr später kannst du es ja wieder probieren! Viel Glück!

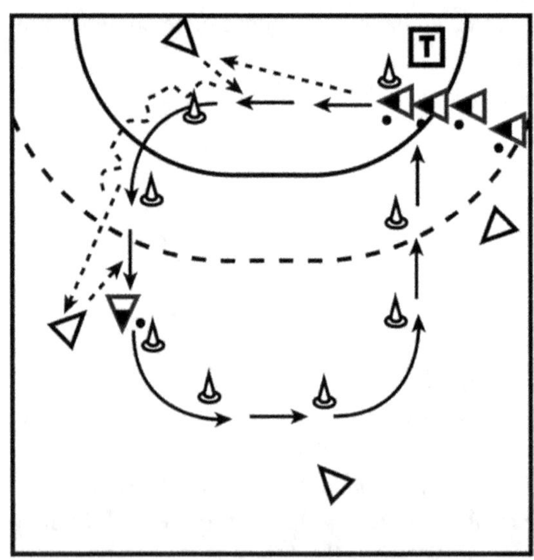

Vom Neuen und Exotischen

Alles Neue reizt dich und du willst es natürlich ausprobieren. Du hörst einmal etwas von der Drehtäuschung[28] und willst diese gefährliche Geheimwaffe deinen Spielern beibringen. Aber wann ist der richtige Zeitpunkt und was bringt uns das? Also erst mal angucken, abwägen und dann loslegen oder eventuell zurückstellen. Es ist jedoch verführerisch, diese ziemlich unbekannte Spezialität zu erproben.

Ich kenne (bislang) drei Arten von Drehtäuschungen. Sie sind völlig unterschiedlich und können daher nur in verschiedenen Altersstufen erlernt werden. Schau sie dir mal an! Du kannst dann nach bestem Wissen und Gewissen entscheiden, ob du sie trainieren willst.

Lauftäuschung mit Drehung

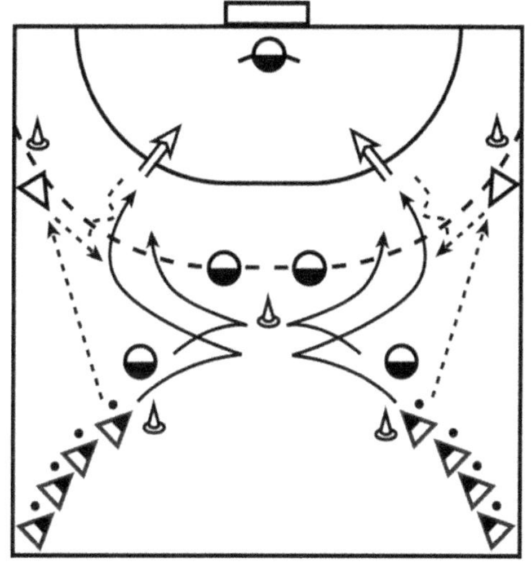

Bereits in der E-1-Jugend (oder D-2) kannst du diese Form der Lauftäuschung trainieren. Da die Kinder in diesem Alter sehr viel herumrennen, wird sie gut angenommen. Dabei spielt der Halbspieler (egal ob links oder rechts) den Ball zum Außen, läuft dann mindestens fünf, sechs Schritte Richtung Siebenmeter und zieht dadurch seinen Verteidiger mit. Dann dreht er sich plötzlich nach hinten und rennt in Richtung des Außen. Durch die plötzliche Drehung gewinnt er einen Vorsprung vor dem Verteidiger und kann gut durchbrechen. Der Außenspieler muss allerdings mit dem Abspiel etwas warten (z. B. durch einmaliges Prellen).

---

28 Die Drehtäuschung ist Bestandteil der Handballausbildung in der Schweiz. Vgl. I+S-Trainingshandbuch Handball, Magglingen 2002, (Ausbildungsprogramm U13, U15, S. 3).

Drehtäuschung

In der D-1 kann die eigentliche Drehtäuschung gelernt werden. Dabei spielt der Rückraumspieler auf der Halbposition den Nebenmann an (z. B. den Außen), erhält den Ball im Stoßen kurz vor dem Verteidiger zurück, wendet sich ein wenig dem Zuspieler zu, stoppt ab und dreht sich – bevor der Verteidiger ihn festklammern kann – abrupt vom

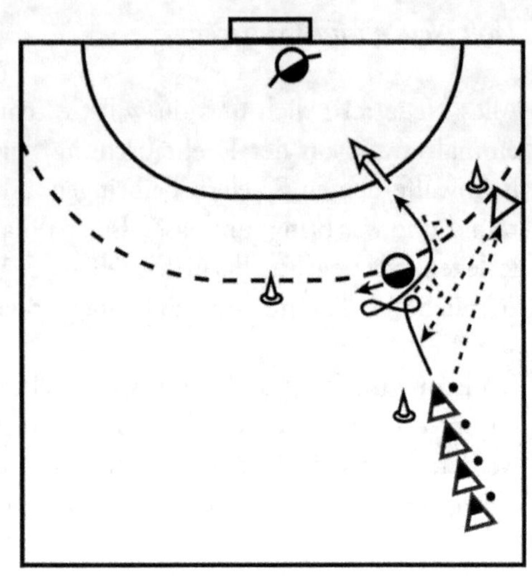

Gegenspieler weg, dem er den Rücken zuwendet, Richtung Spielfeldmitte. Oft gelingt es damit schon, frei durchzubrechen. Möglich und besonders wirkungsvoll ist aber ein anschließendes nochmaliges Gegendrehen, wodurch der Angreifer meistens freikommt und mit Prellen zum Torraum durchgeht. Dieser Bewegungsablauf erinnert an einen Kreisläufer, der mit dem Rücken zum Tor zuerst in eine Richtung anzieht, dann aber mit einmal Prellen zur Gegenseite dagegengeht.

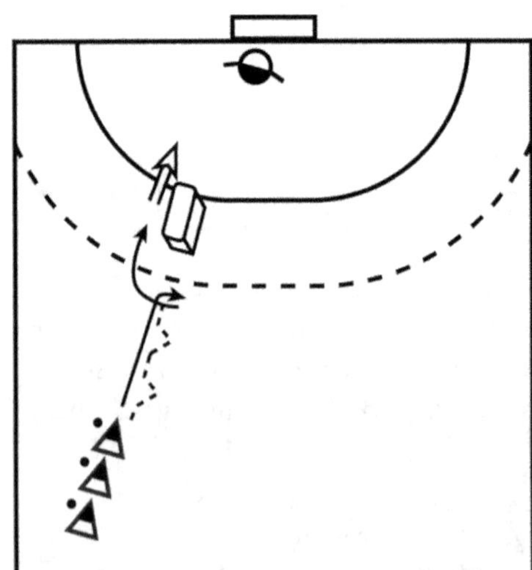

Prellen mit Drehung

Diese Form der Drehtäuschung ist ziemlich anspruchsvoll und benötigt einen kraftvollen Einsatz. Daher würde ich sie erst ab der C-Jugend anwenden. Dabei prellt der Spieler auf den Verteidiger zu (der eher defensiv hinten an der Torraumlinie bleibt), dreht als Rechtshänder nach rechts ab und wendet ihm den Rücken zu, um die Drehung dann weiterzuführen und links vom Verteidiger mit der Schrittkombination rechts-links vorbeizugehen. Der Abschluss sollte mit einem Sprungwurf erfolgen.

Was können diese drei Übungsformen uns lehren? Nun, die Lauftäuschung mit Drehung wenden manche E-Jugendliche ganz spontan an. Darum ist die Übung wichtig, damit alle Spieler einmal diese Möglichkeit kennenlernen. Ob sie diese dann öfter anwenden, steht auf einem anderen Blatt.

Die eigentliche Drehtäuschung ist besonders wertvoll bei offensiven Verteidigungssystemen, wenn ich den Durchbruch suchen muss. Haben die jungen Handballspieler das Festmachen entdeckt, sollten sie auch ein Gegenmittel ein Gegenmittel kennenlernen, und das wäre die Drehtäuschung wäre.

Die dritte Möglichkeit Prellen mit Drehung erscheint zuerst wenig Erfolg versprechend. Tatsächlich kann sie aber als Alternative zur Körpertäuschung im Eins-gegen-eins-Verhalten eingesetzt werden und überrascht immer wieder die Abwehr.

So muss jeder Coach abwägen, was zu seinem Team am besten passt und was er ins Programm aufnehmen will. Je nach Spielertypen und Altersstufe wird dies ganz unterschiedlich sein. Aber das ist ja nun wirklich nichts Neues ...

Schwierigkeitsstufen bei der Grundausbildung

	PASSEN:
Leicht:	nach vorne / zur Wurfarmseite / mittlere Entfernung (fünf bis sechs Meter) / im Stand / Aufsetzer
Mittel:	zur Wurfarmgegenseite / ganz nah (null bis zwei Meter) / im Laufen / Schlagwurfpass
Schwer:	große Entfernungen / im Sprint / mitlaufende Verteidiger

	PRELLEN:
Leicht:	im Gehen / mit Wurfhand / Bauchhöhe
Mittel:	im Laufen / verschiedene Prellhöhen
Schwierig:	im Sprint / mit beiden Händen gleich gut prellen/ mit Richtungsänderungen

	WERFEN (SPRUNGWURF):
Leicht:	mit Prellen / Schritthilfen (drei Reifen etc.) / ohne Zuspiel
Mittel:	mit Zuspiel / mit langem Anlauf
Schwierig:	gegen Verteidiger / Schrittlängen verlängern / -kürzen
Sehr schwer:	mit Täuschung / mit falschem Bein / nach einem Schritt / beidfüßig hochspringen

Schwierigkeitsstufen beim Parteiball

LEICHT:
Wenn die Mann-
schaft mit Ball in
doppelter Über-
zahl ist (z.B. sechs
gegen drei, vier
gegen zwei oder
sogar vier gegen
eins), kann immer
ein freier Mit-
spieler gefunden

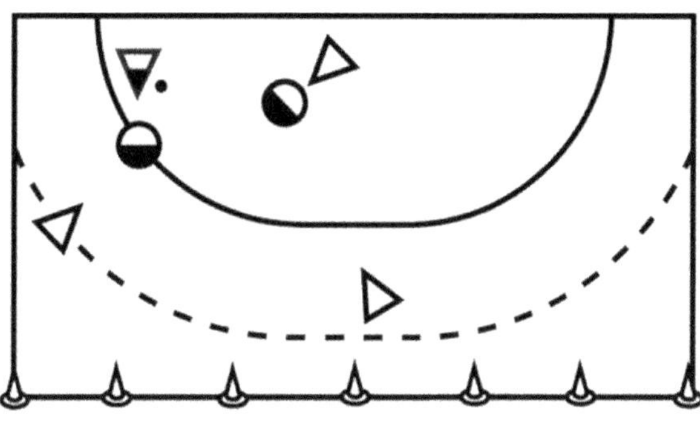

werden. Alle müssen rennen und laufen sich frei. Auf zehn – zwölf –
fünfzehn gelungene Pässe spielen. Kann auch mit drei Teams gespielt
werden (wenn zehn Pässe gelungen sind, geht dieses Team raus). Leichter: Einmal Prellen vor jedem Pass ist bei Anfängern zu empfehlen. Viel
Platz lassen.

MITTEL:
Bei einfacher
Überzahl (z.B.
6:5, 5:4 oder 4:3)
tritt das Problem
auf, dass nicht
reine Mann-
deckung gespielt
werden kann.
Wer löst sich
wann von seinem

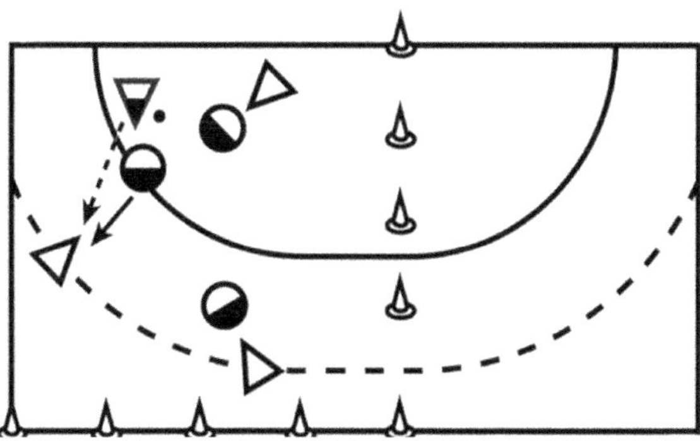

Gegenspieler? Erschweren: Spielfeld verkleinern, ohne Prellen spielen,
nicht zum Zuspieler zurückpassen, bei Fouls oder Einwurf wieder von
vorne mit dem Zählen anfangen.

Schwierigkeitsstufen beim Parteiball

MITTEL:
Klassisches Parteiball-Spiel mit Gleichzahl (4:4, 5:5 oder 6:6) in einem begrenzten Spielfeld. Kein Marathonlauf, sondern sich überraschend absetzen, mit Lauftäuschungen arbeiten. Darauf achten, ob

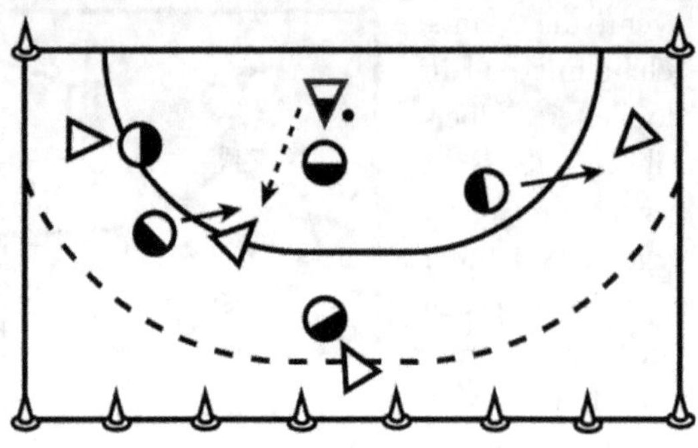

der Ballbesitzer den Ball aufgenommen hat und abspielen muss. Fouls unterbinden. Konsequente Manndeckung ist erforderlich.

SCHWER:
Spielfeld wird durch Langbänke (Vorsicht, nicht den Mitspieler daraufstoßen) zweigeteilt. Mindestens acht Spieler empfohlen, weniger ist sehr anstrengend. Auch bei 12 – 14

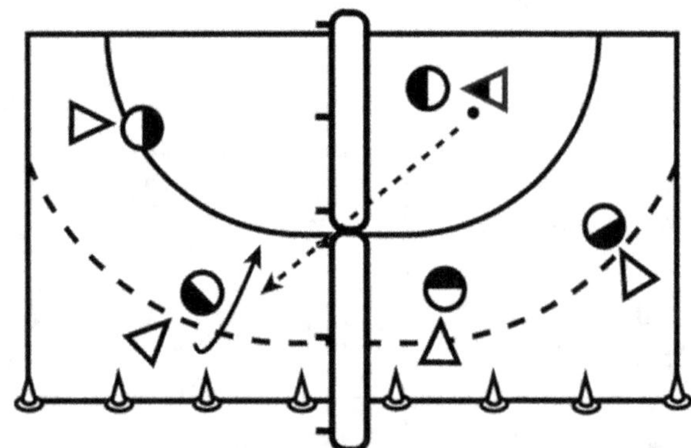

– 16 Spielern gut spielbar. Bei ungerader Spielerzahl wechselt ein Team fortlaufend immer schnell durch.
Spielziel: Gelungene Pässe zum Mitspieler über die Langbänke ergeben Punkte. Sehr anstrengend ist auch ein zwei gegen zwei, da der Mitspieler sich dauernd freilaufen muss.

116

Schwierigkeitsstufen beim Parteiball

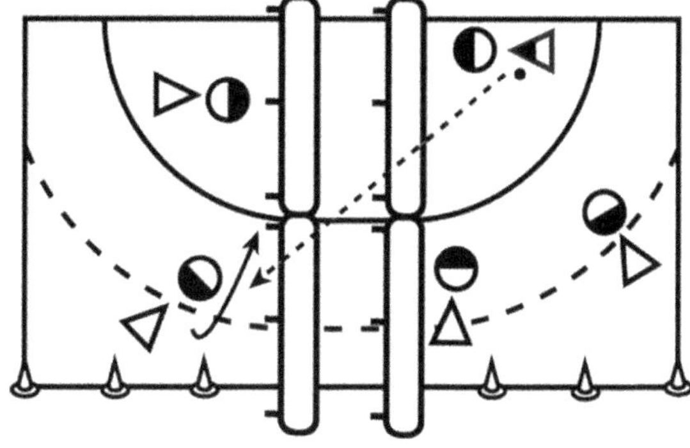

SEHR SCHWER:
Das Spielfeld wird durch 2 x 2 Langbänke geteilt. Der Raum dazwischen darf nicht betreten werden. Durch den größeren Abstand zwischen den beiden Feldern müssen die Spieler längere Pässe spielen, die fast immer abgefangen werden.

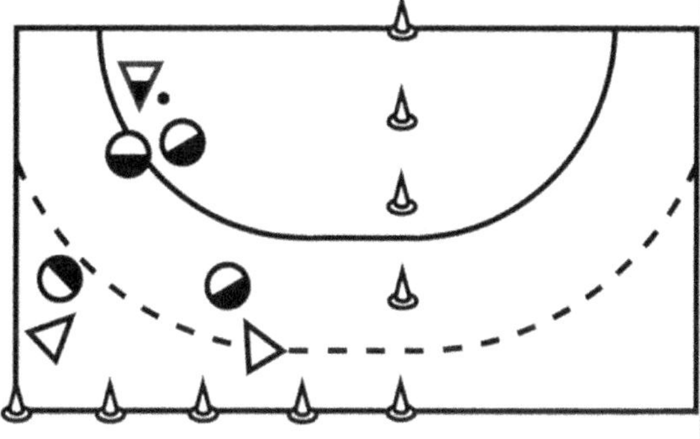

SEHR SCHWER:
Die ballbesitzende Mannschaft spielt jetzt in Unterzahl (z.B. 3:4 oder 4:5). Prellen ist erlaubt. Vorsicht: Es dürfen keine schweren Fouls wie festhalten, klammern, am Trikot ziehen usw. begangen werden. (In der E-Jugend mit den leichten Parteiball-Varianten anfangen, in der D-Jugend bis zu den sehr schweren Versionen vorstoßen.) *Anmerkung:* Die Verringerung der Spieleranzahl steigert den Schwierigkeitsgrad enorm. Wenn vier Spieler gegen vier andere spielen, ist das schon anstrengend. Reduzierst du auf drei gegen drei, musst du nach zwei Minuten eine kleine Pause machen, bei zwei gegen zwei sollte das im 30-Sekunden-Takt geschehen, denn die Beanspruchung ist enorm. Ausprobieren!
Noch etwas: Umgekehrt betrachtet (als Abwehrübung) haben es zwei Verteidiger gegen vier Angreifer, welche den Ball zirkulieren lassen, sehr schwer. Angriffsübungen sind also gleichzeitig Abwehrübungen!

Zum Erscheinungsbild des Handballspielers in der E-Jugend

Anfängerverhalten in der E-Jugend (Acht- bis Zehnjährige)

Motorik und Spielfähigkeit

Es sollen im Folgenden die eigenartigen, auf den ersten Blick irritierenden Erscheinungen aufgezählt werden, denen du als Trainer von Kindern gegenüberstehen wirst. Die „Fehler" sind nicht dem Unvermögen deiner Truppe geschuldet, sondern völlig normal in dieser Altersstufe und alle Handballlehrer/innen haben damit zu kämpfen. Sie bilden die Ausgangsposition deiner Arbeit im Training.

Und das erwartet dich: Die Handball-Anfänger fangen den Ball ganz schlecht. Zuerst wird abgestoppt und der Pass im Stehen gefangen. Erst wenn der Ball unter Kontrolle gebracht wurde, setzt man sich wieder in Bewegung. Lange Bälle prallen oft ab und werden aus Angst vor der Wucht des Balles nicht gefasst. Weite Pässe (z.B. beim Tempogegenstoß) lässt man einmal aufspringen, anstatt den Ball sofort zu fangen. Viele Zuspiele werden überhaupt erst im Nachfassen (Ball fällt aus den Händen und springt einmal auf) unter Kontrolle gebracht. Als Konsequenz daraus zieht man ängstlich den Ball an den Körper heran, um ihn vor dem Gegner zu sichern und wagt erst mal nicht, ihn abzuspielen. Der Gegenspieler ist grundsätzlich bedrohlich, weil er den Ball wegnehmen könnte. Wenn der Ballbesitzer angegriffen wird, erschrickt er, hört mit dem Prellen bzw. Laufen auf und nimmt den Ball auf. Hat ein Angreifer freie Bahn zum Tor, kommt aber von der Seite noch ein Abwehrspieler, wird aus Angst vor Körperkontakt vorsorglich zur Seite ausgewichen oder sogar der Durchbruch abgebrochen. Außerdem stoßen die Kinder im Übereifer häufig zusammen, auch mit den Köpfen (kein Beachten des Anderen, kein peripheres Sehen). Es werden nur kurze Pässe (ca. 2 - 6 m) gespielt. Weiter entfernt stehende Mitspieler finden selten oder gar keine Beachtung. Weite Pässe (z.B. beim Tempogegenstoß) lässt man einmal aufspringen, anstatt den Ball sofort zu fangen. Lange Bälle – falls doch einmal einer ankommt

BAROCK

– werden aus Angst vor der Wucht des Balles und mangels Technik nicht gefangen. Viele Zuspiele werden überhaupt erst im Nachfassen (Ball fällt aus den Händen und springt einmal auf) unter Kontrolle gebracht. Als Konsequenz daraus zieht man den Ball an den Körper heran und dieser ist so vor dem Gegner geschützt. Es wird nicht gewagt, den Ball erneut abzuspielen. Wenn der Ballbesitzer angegriffen wird, erschrickt er, hört mit dem Prellen bzw. Laufen auf und nimmt die Kugel auf. Der Gegenspieler ist grundsätzlich bedrohlich, weil er den Ball wegnehmen könnte. Hat ein Angreifer freie Bahn zum Tor, kommt aber von der Seite noch ein Abwehrspieler, wird aus Angst vor Körperkontakt vorsorglich zur Seite ausgewichen oder der Spielzug sogar abgebrochen.

Andererseits sind die Abwehrspieler sehr anfällig für Lauf- und Körpertäuschungen (wenig Erfahrung, keine Beinarbeit). Es herrscht die absolute „Ballorientiertheit". Alle schauen immer zum Spielgerät. Die Abwehrspieler starren fasziniert den Ballführenden an und nicht den eigentlichen Gegenspieler. Es wird immer versucht, den Ball herauszuspielen. Festmachen und Klammern sind uninteressant und unbeliebt. Die Furcht vor Körperkontakt ist weit verbreitet. Fortgeschrittene Spieler, welche schon in der D-Jugend agieren, fallen bei körperorientiertem Abwehrverhalten negativ auf. Angegriffene Spieler sind über Festhalten, Klammern oder Schlagen sehr empört. Da normalerweise kein gezieltes Festmachen erfolgt, werden nur einzelne Körperteile attackiert (am Arm ziehen, an der Schulter stoßen oder schubsen). Ist der Gegner an mir vorbei, wird als letzte Maßnahme in den Rücken gestoßen („Verzweiflungsschubsen"). Das Blocken im Stand von Würfen wird nur instinktiv und sehr selten von guten Spielern angewandt, eher wird der Kopf eingezogen.

Die Torhüter sind zu klein für das Standardtor und müssen (auch bei abgehängten Toren) resigniert den hohen Bällen nachschauen. Sie spekulieren nach einiger Zeit fast immer mit dem langen Eck und hechten dorthin. Daher werfen die Angreifer häufig erfolgreich ins kurze Eck.

Es wird von den Spielern oft nicht erkannt, dass der Torwurf neben das Tor ging und der Ball von der Wand ins Spielfeld zurückprallt. Im Angriff werden die Positionen auf den Außen nicht besetzt, alles drängt in die Mitte. Die Spieler brauchen sehr lange (bis zu drei Sekunden), um sich für ein Abspiel zu entscheiden. Daher wird manchmal nach glücklich gefangenem Pass erst einmal geprellt, um Zeit zum Umschauen und für eine Entscheidung zu gewinnen. Oder man spielt sofort den Ball wieder zum Passgeber zurück, ohne an etwas anderes (eigene Torchance, prellen, Pass zu anderen Mitspielern) zu denken. Es wird anfangs kein Sprungwurf, sondern ein Schlagwurf aus dem Stand (das Laufen mit dem Ball wird abgebrochen, dann im Stehen ein Fuß nach vorne gesetzt) gemacht. Schwächere Spieler möchten unbedingt auch einmal ein Tor werfen. Daher wird trotz massiver Behinderung und aus dem Stand eine Bogenlampe abgefeuert.

Alle sind ballorientiert. Ein Spieler als Kreisläufer funktioniert nicht, denn im Übereifer rennt man doch immer dem Ball nach. Auch das krasse Gegenteil tritt auf: Manche bleiben auf ihrer Position stehen und schauen fasziniert oder total aufgeregt den anderen zu. Es ist wenig planvolle Bewegung im Spiel, keiner läuft sich zielgerichtet aus eigenem Antrieb ohne Ball freiIm Zuspiel wird oft der beste Spieler oder der beste Freund gesucht. Besonders der Torwart spielt nicht den freien Mann, sondern seinen Kumpel an. Beim Spiel gegen die Mädchen, welche oft größer und stärker sind, erleben die Jungen manche Überraschung („Die hat mich gekratzt!").

Fähigkeiten sehr guter Spieler

Sehr gute Spieler gibt es aber auch und diese fallen schnell auf. Sie besitzen eine hervorragende Koordination, sind schnell, flink und beweglich. Daher werfen sie automatisch mit dem ganzen Körper. Hand, Arm, Rumpf und Beine wirken wunderbar zusammen. Eine Landung machen sie instinktiv richtig mit Abrollen und Wegrutschen. Sie können aus dem vollen Lauf werfen und trauen sich auch zu, Langpässe über zwölf bis fünfzehn Meter zu spielen. Würfe im Sprung werden sofort gekonnt.

Sehr gute Spieler können wunderbar mit dem Ball umgehen. Schnelle Richtungsänderungen und sowohl mit linker als auch mit rechter Hand zu prellen sind kein Problem. Die besten Spieler können die anderen wahrnehmen und daher Pässe zu jedem freien Mitspieler werfen. Sie besitzen ein sehr gutes Raumgefühl nach allen Seiten (auch seit- und rückwärts) und erlaufen deswegen viele Pässe des Gegners. Diese Handballer lesen das Spiel, denken mit, ahnen die Aktionen des Gegners voraus.

Allerdings ist hier Folgendes zu bedenken: Da dies meist kleine, schmale Kinder sind, werden die anderen den Entwicklungsvorsprung nach einigen Jahren intensiven Trainings aufholen. Und ohne groß gewachsene Bomber aus dem Rückraum, welche als Kinder oft Beweglichkeits- und Koordinationsdefizite besitzen, kann keine Mannschaft Erfolg haben. Also kommt es letzten Endes auf die anfangs nicht sehr guten Spieler an. Daran solltest du als Trainer/in immer denken.

Soziale Phänomene[29]

1. Besonders die guten Spieler brüllen fortwährend herum: „Michael! Hier! Spiel ab!" Sie fordern dauernd den Ball, anstatt dem anderen die Torchance zu lassen.
2. Alle wollen ab und zu ins Tor. Auch wenn klar ist, wer der beste Torwart ist, wird immer mal gerne im Tor gestanden.
3. Starke Freund-Bindung: „Ich gehe immer mit meinem Freund ins Training, hole ihn ab, gehe mit ihm wieder heim. Im Training spiele ich immer mit ihm zusammen."
4. Man muss sich in der Mannschaft behaupten und betont daher die Ich-Identität: „Ich heiße Maximilian, nicht Maxi!"
5. Jeder möchte gerne mit dem Trainer trainieren, das ist eine Auszeichnung.
6. Sie drängeln in der Schlange vor, jeder möchte der Erste sein („Nummer eins!").
7. Der Bewegungsdrang ist riesengroß. Sofort wird die Halle gestürmt, in jedem freien Augenblick auf das Tor gebolzt oder an der Sprossenwand hinaufgeklettert. Nervöses Prellen mit dem Ball bei Trainererklärungen ist normal.
8. Die Eltern steuern noch alles. Sie achten auf die Termine, bringen und holen die Kinder, schauen anfangs während des Trainings zu, kümmern sich um Turnbeutel, Trinkflaschen, Schuhe usw.
9. Die meisten Eltern unterstützen ihre Kinder voll und ganz. Die ganze Familie fährt geschlossen mit zu den Auswärtsspielen.

29 Auch wenn verschiedene Erscheinungen schon angesprochen wurden, habe ich sie hier nochmals aus systematischen Gründen in einer Liste aufgezählt.

Süßigkeiten und Geld als Belohnung (oft sogar Torprämien) von der Großmutter sind üblich.

10. Die Kinder sind unfähig, ihre Schnürsenkel zu binden und sie denken nicht daran, die Knieschützer hochzuziehen. Viele Sachen werden immer mal liegen gelassen und vergessen.

11. Oft stößt man zusammen oder fällt hin. Alle Kinder weinen schnell, müssen gründlich getröstet und in den Arm genommen werden. Immer wieder sind Aufschürfungen und aufgeplatzte Wunden zu versorgen (Pflaster dabeihaben!). Prellungen nach schmerzhaften Landungen oder Zusammenstößen brauchen sofort den Eisbeutel zum Kühlen. Andererseits werden mit dem Eis auch die Wangen gekühlt, weil den Kleinen oft heiß ist.

12. Bittere oder hohe Niederlagen können durch Hamburger und Cola vergessen gemacht werden.

13. Beim Wettspiel wird der Spieler nach dem Ankündigen der Auswechslung sofort voller Begeisterung und Eifer einfach auf das Spielfeld rennen, ohne das Herauskommen des Mitspielers abzuwarten.

14. Der Schiedsrichter wird als absolute Autoritätsperson betrachtet. Man hört seinen Belehrungen, wie zur Salzsäule erstarrt, zu. Für

viele Kinder ist es neu, dass sie jemandem unbedingt gehorchen
müssen.

15.   Gelbe Karten und Zwei-Minuten-Zeitstrafen sind selten und
       werden meist auch gar nicht benötigt.

16.   Immer wieder kannst du den Kindern erklären: Ihr seid freiwillig
       da. Handball ist ein Hobby, keine Pflicht, keine Schule. Trotzdem
       wird der Sport mit Schule gleichgesetzt. Ferien heißt also auch:
       Ferien vom Handball – und keiner kommt anfangs ins
       Ferientraining!

Trainieren mit Plan

Grundansichten

Wenn du eine Weile trainiert hast, wirst du bemerken, dass du immer
zwischen zwei Positionen hin- und herschwankst. Einmal willst du eine
solide Grundausbildung (nach Liste bzw. Plan) vermitteln, andererseits
aber auch erfolgreich Handball spielen und siegreich abschneiden.

Die gut gemeinten Vorgaben des Handballverbandes in manchen Altersklassen zwingen dich natürlich auch, manches zu trainieren, was du ur-
sprünglich gar nicht wolltest.

Ich will aber auf Folgendes hinaus. Meistens ist es so, dass du im Laufe der
Saison bei deinen Spielen immer wieder Lücken und mangelndes Können
feststellen wirst. Natürlich trainierst du sofort Tempogegenstöße, wenn
das im letzten Spiel nicht geklappt hat und dort eine Hauptfehlerquelle
deiner Mannschaft lag. Das birgt die Gefahr in sich, dass du Woche für
Woche immer nur Löcher stopfst und die Grundlagen vernachlässigst.
Zwar machst du im Laufe der Zeit so auch viele Dinge durch, doch hast du
am Ende wirklich alles Wichtige der Grundausbildung in diesem Altersabschnitt behandelt?

Und noch etwas: Hätte man in der Vorbereitungsphase nicht schon vieles
üben können, wenn es denn auf einer Liste gestanden wäre? Und da die
Kinder sich ja stetig fortentwickeln, kann im Laufe der Saison immer mal
wieder die Latte höher gelegt werden, also ist Weiterentwickeln angesagt.

Was will ich damit sagen? Du musst unbedingt deine Ziele verfolgen, einen Plan beharrlich abarbeiten und nicht nur die Löcher stopfen. Du darfst nicht nur reagieren, liebe Trainerin oder lieber Trainer. Es kommt hinzu: Was heute noch nicht geklappt hat, wird in drei bis vier Monaten klappen und muss im Plan berücksichtigt sein.

Eine Anmerkung darf ich aber machen: Wenn du nur schlechte Spieler hast, dann wird das mit dem Planabarbeiten wahrscheinlich nicht sehr gut gelingen. Die Fortschritte werden klein sein und es wird (zu) viel Zeit mit Wiederholungen draufgehen. Noch etwas Grundsätzliches: Ich bin ein Anhänger des Standpunktes, den Kindern sofort etwas beizubringen, sofern ihre Entwicklung etwas Neues zulässt. Ich halte nichts von der Meinung, auf Animation zu setzen (Anregung, Ermunterung, Anreizen, Ausprobieren). Ich gebe offen zu, dass ich sehr gerne (m)eine Liste abarbeite. Und wenn dabei etwas Neues im Training angepackt wird, ist das ja auch Ermunterung und Ausprobieren, nicht wahr?

Falls du denkst, andere Fachleute würden keine Pläne schmieden, möchte ich dich auf das DHB-Handbuch Band 1 aufmerksam machen. Dort findest du unter der Überschrift „Schulungsschwerpunkte für Fortgeschrittene in Angriff und Abwehr"[30] eine Liste, die durchaus Ähnlichkeiten mit meinem Trainingsplan hat.

Formbare Planwirtschaft

Um ein paar Missverständnisse gar nicht erst aufkommen zu lassen: Es ist hier nicht die Rede von der DDR-Planwirtschaft. Die liegt hinter uns. Du musst nicht das Ganze in Makro- und Mikrozyklen einer Jahresplanung einbetten. Sondern es geht einfach nur darum, breit genug und doch zielorientiert zu trainieren. Bei jeder Mannschaft werden die Schwerpunkte etwas anders liegen. Daher ist Anpassungsfähigkeit gefordert: Manchmal lernen alle schnell das Prellen, dann kannst du bald andere Ziele anpacken. Oder du hast keine Chance mehr auf die Meisterschaft, dann trainierst du für den Rest der Saison in aller Ruhe die Dinge auf der Liste, welche noch fehlen, oder du wiederholst einiges, was noch nicht so gut sitzt.

30 Handball-Handbuch Bd. 1, Hrsg. Deutscher Handballbund, Münster 1998, S. 275.

TRAININGSPLAN E-JUGEND

PRELLEN

Sicheres Prellen mit Wurfarm	Prellübungen
Prellen über längere Strecken	Prellübungen, Tempogegenstoß
Prellen, Ball mit Körper abschirmen	Parteiball, eins gegen eins
Prellen mit Richtungsänderungen	Abschlagsspiele, Prellslalom
Prellen mit links und rechts	Prellübungen

PASSEN

Fangen oben / unten mit zwei Händen	Korrektur Handhaltung, Ball zur Brust ziehen
Richtige Wurfhaltung	Einzelkorrektur: linkes Bein vorne (RH), Oberkörper verdreht, langer Wurfarm
Passen im Stehen und Laufen	Entfernung verändern, schnelles Passen
Passarten	Aufsetzerpass, Schlagwurfpass, Ballonpass
Pässe von vorne / hinten / rechts / links	Passübungen, Spiele, Passparcours
Doppelpässe	zu zweit laufen und passen
Passen zu dritt	zu dritt laufen und passen

| Staffeln | Prell-, Trage-, Sprintstaffeln usw. |
| Ausscheidungskämpfe | Siebenmeter, Zielwerfen, Ball erlaufen |

KOORDINATION

Koordination mit Bällen	Handbälle, Tennisbälle usw.
Koordination mit Turngeräten	Reifen, Schaumstoffbalken usw.
Gymnastik	Greifübungen, dehnen, allgemeine Gymnastik

SPIELE

Handballspiel	je nach Halle evtl. reduzierte Spielerzahl
Parteiballspiele	siehe Extratabelle
Spiele aller Art	Tigerball, Stangentorball, Turnschuhball, Sockenball, Kopfhandball, Königsball, Linienball, Mattenball, Zombie, laufender Korb, Kastenball, Prellfangen, weitere Fangspiele, Fußball uvm.

WERFEN

Sprungwurf mit Dreierrhythmus	Langbänke, Reifen etc.
Sprungwurf in den Torraum	Torwurftraining, Torwart beachten
Torwarttraining	Zielvorgaben: hoch / tief / halbhoch, Aufsetzer

| Werfen von verschiedenen Positionen | außen / halb / Mitte, Ziele treffen |
| Siebenmeterwerfen | ohne / mit Ausscheiden |

ZUSAMMENSPIEL

Freilaufen	in den freien Raum rennen
Absetzen	nicht stehen bleiben, weiterrennen
Hinterlaufen	hinter den Verteidiger laufen
Anbieten	zum Ballhalter hinlaufen + Ball übernehmen
Passen oder Prellen	Entscheidungstraining zwei gegen eins
Lauftäuschung (ohne Ball)	zuerst links, dann schnell rechts weg
Durchspielen	stoßen, Position halten, außen bleiben

ABWEHR

Manndeckung	Grundsätze erklären, Schattenlaufen
Pässe abfangen	zwei gegen eins, Parteiball, Tigerball
Aushelfen	bei Durchbruch helfen, 3 gegen 2 spielen

Ziel Manndeckung

Du wirst bei manchen Trainingszielen erstaunt feststellen, dass das Thema ziemlich kompliziert sein kann, z.B. wenn die Kinder das dahinterstehende Regelwerk mitlernen müssen. Sechs Basiselemente sind anfangs wichtig: Spielfeld (Linien) – Tor – Ball – Gegenspieler – Mitspieler – Schiedsrichter. Dann kommen noch grundlegende Verhaltensweisen auf dem Spielfeld hinzu, welche nach und nach einzustudieren sind.

Bei der Manndeckung, einem zentralen Ziel im Kinderhandball, steht die Orientierung am Gegenspieler im Mittelpunkt. Vorsicht, es reicht nicht zu sagen: „Du stehst links vorne und deckst den zweiten Angreifer von links." Da passiert noch eine ganze Menge mehr. Studiere die sechs Grundsätze im Kasten. Du wirst dies nicht alles in einer Übungsstunde vermitteln können. Also bitte Geduld und Ausdauer!

Sechs Grundsätze für die Manndeckung

1. **Umschalten**	Die Situation erkennen, ob Tor, Fehlwurf, Fehler (Ballverlust) oder Foul (weiterhin Ballbesitz)	Mitspieler beobachten; zum Schiri schauen, Schiri-Zeichen beachten, die Regeln wissen	*Fehler:* Spiel nicht beobachten, Schiri nicht beachten
2. **Ball schnell zurückerobern**	ein bis zwei Spieler sollen den Ballbesitzer sofort angreifen	möglichst schnell und ganz nahe herankommen, den Ball rausprellen, Pass abfangen	*Fehler:* zu viel jubeln, sich ärgern, reklamieren
3. **Meinen Gegenspieler finden**	alle Gegenspieler beobachten, zu meinem Spieler hinsprinten, mit den Mitspielern absprechen	sich den Gegenspieler merken; möglichst schnell nahe herankommen, weite Pässe abfangen	*Fehler:* zurücklaufen, ohne den Gegner zu beobachten

4. **Vor den Gegenspieler kommen**	Position zwischen Gegenspieler und meinem Tor einnehmen	Den Weg zum Tor blockieren; so eng decken, dass Anspiele abgefangen werden (Gegner berühren können)	*Fehler:* Zu weit weg stehen, nur auf den Pass spekulieren
5. **Nicht überlaufen lassen**	Gegenspieler genau beobachten, auf Tricks gefasst sein, mitlaufen; Bei Supergegenspieler sehr hautnah decken)	Nur ab und zu zum Ball schauen; schnelle Beine haben und sprinten, immer dranbleiben	*Fehler:* stehen bleiben, immer zum Ball starren, hinterher- oder im Bogen laufen
6. **Nachsetzen**	Gegenspieler wieder einholen; Manndeckung funktioniert nur, wenn alle ihren Mann haben	kämpfen, Gegner ist mit Ball langsamer; wenn frei durch, nicht in Rücken stoßen, sondern Tor werfen lassen	*Fehler:* Mitspieler anschreien, resignieren

Zum Erscheinungsbild des Handballspielers in der D-Jugend

Anfängerverhalten in der D-Jugend (Zehn- bis Zwölfjährige)

Sehr gute Lernfähigkeit

In diesem Altersabschnitt entwickeln sich Kinder sehr schnell. In vielen sportwissenschaftlichen Lehrbüchern wird herausgehoben, dass es sich um das beste Lernalter handle. Also solltest du es nutzen. Allerdings werden nicht nur gute, sondern auch schlechte Automatismen sich angewöhnt, welche nie mehr auszutreiben sind.

Ein heikles Thema ist die Pubertät. Neue Ansichten über das andere Geschlecht machen die Runde. Natürlich hat jeder/jede die körperlichen Veränderungen bemerkt. Und daher werden über solche Dinge Witze oder Bemerkungen gemacht. Die Teamkameraden/innen werden in dieser Hinsicht zu Informationsquellen und Kommunikationspartnern. Als Trainer musst du nicht viel dazu sagen, aber manchmal spielt es doch eine Rolle. So sollte der Torhüter sich unbedingt einen Tiefschutz zulegen und bei den Mädchen wird der Sport-BH ein Thema.

Manchmal führen Eltern Stimmungsschwankungen als Entschuldigung für ihre Kinder an. Meistens steckt aber etwas anderes dahinter: Die Kinder haben sich geistig und körperlich weiterentwickelt und wollen mehr als Erwachsene behandelt werden. Die verbesserte Urteilsfähigkeit stellt Eltern und Trainer vermehrt infrage, es wird häufiger Kritik geäußert oder es zumindest probiert. Darauf musst du mit handfesten Erklärungen reagieren und die Kinder mit ihren Fragen sehr ernst nehmen. Andererseits können sie mehr Verantwortung übernehmen, verstehen erste taktische Maßnahmen und fangen an mitzudenken. Zu viel darfst du nicht verlangen, aber erste Ansätze kannst du schon machen. Der Gruppendruck ist manchmal enorm, jüngere Kinder, welche noch nicht so weit entwickelt sind, werden als kindisch eingestuft und trachten deswegen danach, ihr Verhalten anzupassen.

1. Beim Eintreffen ertönt großes Hallo und gegenseitiges Begrüßen, die funkelnagelneuen Sportschuhe werden bewundert oder es wird mit den neuesten Sensationen geprahlt.
2. In der Halle wird der Auftritt ganz gemessen zelebriert: Zuerst wird die Sporttasche hingepfeffert, dann das Sportzeug ordentlich angezogen und dann natürlich fröhlich auf das Tor geballert.
3. Disziplin muss immer wieder hergestellt werden, ist aber vorhanden. Das Einschwören auf Ziele ist möglich und macht Sinn, Mannschaftsrituale sind wichtig.
4. Die Kinder werden allmählich selbstständig. Sie können sich selbst anziehen, manche duschen schon – manche nicht (Angst vor Bemerkungen wie „Fettwanst!“), sie können schon Bus oder Fahrrad fahren, gehen von sich aus auf den Trainer zu und reden mit ihm.
5. Selbstbewusstsein entsteht, was der Einzelne kann und was das Team an Leistung bringt, wird auch untereinander beredet.
6. Die Tränen fließen immer noch heftig, aber Niederlagen können verarbeitet werden.
7. Körperliche Kontakte (Abwehr) werden gelernt und praktiziert. Die Kinder entwickeln sich weg von der Ballorientiertheit zur Gegnerbekämpfung.
8. Regeln werden schnell gelernt, gewusst und gut angewandt: „He, Abstand!“ Man erkennt als Folge, dass der Schiedsrichter nicht immer richtig entscheidet, die Regeln sind nicht absolut zu sehen.
9. Handball wird als Hobby in der Freizeit fest verankert und ist jetzt wichtig.
10. Die Eltern stehen voll hinter ihren Kindern, begleiten sie eifrig und bewundern ihre Fortschritte.

Training in der D-Jugend

Was geht noch nicht?

Tja, es geht viel in der D-Jugend, aber manches eben doch (noch) nicht.

Erstens geht alles, was viel Kraft erfordert, nicht. Einen Sprungwurf hoch ansetzen, dann im Landen prellen und an den Abwehrspielern vorbeiziehen – das habe ich genau ein einziges Mal bei einer Ausnahmespielerin gesehen. Selbst ein normaler Sprungwurf von der Neun-Meter-Linie gelingt erst ganz am Schluss dieses Altersabschnittes, wenn der nächste Wachstumsschub kommt.

Der Kempa-Trick klappt ebenfalls nicht so richtig, weil die Spieler nicht lange genug „in der Luft stehen" können. Zweitens ist der Körperkontakt (wegen oder trotz der Pubertät) nur beschränkt möglich. Abdrängen und Festmachen sind schon trainierbar. Aber Blocken mit Hochspringen überfordert so ziemlich alle Kinder. Genauso wenig geht Sperren, denn seinen Körper als Prellbock einzusetzen mag man nicht. Drittens muss die geistige Entwicklung hinzukommen. Das Kreuzen beispielsweise gelingt nur dann, wenn begriffen wurde, dass man damit etwas Gutes für den Mitspieler tut.

Anmerkungen zum Trainingsplan

Aber was geht schon? Hier kommt der Trainingsplan. Es ist dabei eine stattliche Zahl an Themen zusammengekommen. Aber keine Angst, schon vieles lässt sich ins Aufwärmen einbauen: Prellen, Passen, Greifen, Koordination. Anderes lernen die Kinder vor allem bei den Spielen (Freilaufen, Anbieten). Die Täuschungen allerdings bzw. die Abwehrtechniken sollten nur als ein Thema schwerpunktmäßig trainiert werden, sonst tauchen schnell Überforderungen auf. Am besten trainierst du im ersten Jahr der D-Jugend Grundlegendes, im zweiten Jahr sind dann große Fortschritte möglich. Und nicht vergessen: Was in der Vorbereitungsphase schon gelernt wurde, muss später nur noch aufgefrischt werden.

Um Missverständnisse zu vermeiden: Die Mannschaften sind erfahrungsgemäß sehr unterschiedlich zusammengesetzt. Deswegen sind Angaben zu Mesozyklen etc. ziemlich sinnlos. In welcher Reihenfolge und mit welcher Schwerpunktsetzung du arbeitest, sind leider deine Entscheidungen. Die kann ich dir nicht abnehmen. Aber es wird schon gut gehen!

TRAININGSPLAN D-JUGEND

PRELLEN

Sicheres Prellen mit Wurfarm	Blick vom Ball lösen, Koordinationsübungen
Prellen mit Nichtwurfarm	Prellparcours
Prellen mit links und rechts	Prellslalom

PRELLTÄUSCHUNG

Prelltäuschung links	Offensivverteidiger umprellen, Handwechsel
Prelltäuschung rechts	dito

LAUFTÄUSCHUNG

Lauftäuschung zum Ball	antäuschen, dann Richtung Ballbesitzer
Lauftäuschung weg vom Ball	Abstand hinter dem Verteidiger gewinnen
Lauftäuschung mit Drehung	anlaufen weg vom Ball, plötzliche Drehung

TRAININGSPLAN D-JUGEND

KÖRPERTÄUSCHUNG

Vorübungen Körpertäuschung	Armbewegung, Nullschritt, einspringen
Körpertäuschung Wurfarmseite	RH rechter Fuß nach rechts setzen, prellen
Körpertäuschung Gegenwurfarmseite	RH linker Fuß nach links setzen, evtl. Überzieher

PASSEN

Passen in der Bewegung	Entfernung verändern, schnelles Passen
Pässe von vorne/hinten/rechts/links	Passübungen, Spiele, Passparcours
Langpass	Tempogegenstoß

WERFEN

Greifübungen mit dem Ball	Ball gut festhalten, Ball mit einer Hand fassen
Sprungwurf mit Dreierrhythmus	mit Langbänken, Reifen etc.
Torwurftraining = Torwarttraining	Torwartverhalten beachten, Werfen mit Zielvorgaben, Würfe hoch / tief / halbhoch / Aufsetzer, Ziele treffen, langes / kurzes Eck

TRAININGSPLAN D-JUGEND

Werfen von allen Positionen	außen / halb / Mitte, zielen lernen
Siebenmeterwerfen	mit Antäuschen, Wurfvarianten; nervenstarke Spezialisten finden

ZUSAMMENSPIEL

Freilaufen, absetzen	in den freien Raum rennen, im richtigen Moment absetzen
Hinterlaufen	hinter den Verteidiger laufen, plötzlich wieder auftauchen
Anbieten	zum Ballhalter hinlaufen + Ball übernehmen, nach hinten weg von der Verteidigung
Durchspielen	stoßen, Position halten, außen bleiben, nicht alle in die Mitte drängen
Passen oder Prellen	Entscheidungstraining zwei gegen eins
Angriff komplex	Angriffe 2:2, 3:2, 3:3, 4:3, 4:4
Mitspieler speziell anspielen	Kreisläufer, Einläufer anspielen

TRAININGSPLAN D-JUGEND

TAKTIK

Schnelle Mitte	Anspiel schnell ausführen
Einläufer	Verteidigung hinterlaufen + verwirren
Kreisläufer	mit Rücken zum Tor spielen können, Spezial-Wurftraining
Lauftäuschung positionsspezifisch	als Einläufer, Kreisläufer, Rückraum speziell anwenden
Kreuzen	Teamgeist verlangen, aus dem Freilaufen entwickeln

WETTKÄMPFE

Staffeln	Prell-, Trage-, Sprintstaffeln ...
Ausscheidungskämpfe	Siebenmeter, Zielwerfen, Ball erlaufen

KOORDINATION

Koordination mit Bällen	Handbälle, Tennisbälle ...
Koordination mit Turngeräten	Reifen, Schaumstoffbalken ...
Gymnastik	dehnen, allgemeine Gymnastik

TRAININGSPLAN D-JUGEND

SPIELE

Handballspiel	Trainingsspiele, Freundschaftsspiele, Turniere
Parteiballspiele	siehe Extratabelle
Spiele aller Art	Tigerball, Stangentorball, Turnschuhball, Sockenball, Kopfhandball, Königsball, Linienball, Mattenball, Zombie, laufender Korb, Kastenball, Prellfangen, weitere Fangspiele, Fußball ...

TORWART

Grundhaltung	Arme in Kopfhöhe, auf Ballen stehen ...
Torwarttaktik	Grundlinie, Winkel verkürzen + herauskommen, spekulieren ...
Aufwärmen	Torwart wird mit Wurfserien aufgewärmt
Aufwärmprogramm vor Spiel	Programm mit den Spielern entwerfen inklusive Torwartaufwärmen, Rituale

TRAININGSPLAN D-JUGEND

ABWEHR GRUNDTECHNIKEN

Herausprellen	Ball kommt wieder hoch, dann herausschaufeln, auch beim Tempogegenstoß
Passweg zustellen, abschirmen	zwischen Ballhalter + Gegner stehen, vor Gegner stehen (Kreisläufer)
Anspiel verhindern	seitlich hinter Gegner stehen, vorgestreckter Arm fängt Zuspiel ab
Annehmen	entgegengehen, Gegendruck aufbauen
Abdrängen	Gegner zur Seite / nach außen schieben, nicht auf Täuschungen hereinfallen
Bekämpfen	Grundstellung, Wurfarm blocken + gleichzeitig zweiten Arm um Körpermitte legen
Festmachen	eine Hand auf Ball legen und klammern, zu zweit Angreifer bremsen + festmachen
Pässe abfangen	Pass vorwegnehmen, Störer
Beinarbeit	Voraussetzung für gutes Abwehrverhalten, Koordinationsübungen

ABWEHR TAKTIK

Manndeckung	wiederholen, Grundsätze erklären
Abwehrformationen	Grundsätze der 1:5-, 3:3-, 4:2-, 5:1-, 3:2:1- Deckung erklären, Spiele anschauen
Miteinander reden	Zwei-Wort-Sätze („Fritz vor!")
Übergeben + Übernehmen	bei Kreuzen anwenden, rufen, zusammenarbeiten
Verschieben	bei Unterzahl ballseitig verschieben, Überzahlspiele
Aushelfen	Mitspieler beobachten, Durchbruch abfangen
Fehler unterlassen	Trikot ziehen, schlagen, an Hals / Gesicht greifen, Notbremse, Gegner anschreien

Abwehrtraining

Abwehrverhalten

Mannschaftstaktik und Individualtechniken

Die Bedeutung der Abwehrarbeit ist unumstritten. Hierzu gibt es klare Aussagen: „Der Angriff gewinnt Spiele, die Abwehr aber die Meisterschaften! Diese Trainerweisheit verdeutlicht die Bedeutung der oftmals vernachlässigten Defensive."[31]

Im Kinder- und Jugendhandball wird dem Abwehrtraining zwar schon einige Aufmerksamkeit geschenkt, doch oft weniger den Grundtechniken als eher den taktischen Grundformationen. Zuerst geht es um die Manndeckung, später um die 3:3- oder 1:5-Deckung und so weiter. Ich habe immer versucht, im Training ebenso gezielt die individuellen Abwehrtechniken zu vermitteln. Das ist nicht einfach, aber lohnend. Vielleicht hilft es, wenn ich dir einige grundsätzliche Überlegungen darstelle. Das Abwehrtraining ist von der Systematik her – ohne dass ich alle Feinheiten komplett berücksichtigen will – parallel zum Angriffstraining genau nach demselben Schema einteilbar:

  ⇨   Mannschaftstaktiken:
        (3:2:1, 5:1 usw., einfache / doppelte Manndeckung,
        Unterzahlverhalten)

  ⇨   Gruppentaktik:
        (aushelfen, übergeben / übernehmen, doppeln / Libero, doppelter
        Block usw.)

  ⇨   Individualtaktik:
        (abdrängen, festmachen, annehmen, Ball heterausprellen, Ein-/
        Kreisläufer)

31 Christoph Kolodziej, „Erfolgreich Handball spielen", BLV, München, 2013, S. 25.

Was ist das Ziel der Abwehrarbeit im Handball? Natürlich wieder in Ballbesitz zu gelangen! Es gibt nun allerdings verschiedene Wege, dies zu erreichen. Meist wird zwischen aktiv oder passiv unterschieden. Dahinter stehen oft regeltechnische Tatbestände.

Ballverlust des Gegners
- ⇨ Fehlpass: Der Pass geht über die Tor- / Seitenlinie oder zum Gegenspieler
- ⇨ Technischer Fehler: Prellfehler, Fußfehler, Fangfehler
- ⇨ Fehlwurf: Wurf neben das Tor oder ans Gehäuse

Ballgewinn der Abwehr
- ⇨ Torwartparade: Wurf gehalten
- ⇨ Blocken: Wurf geblockt
- ⇨ Pass abgefangen: in den Pass reingelaufen
- ⇨ Stürmerfoul: in den Weg gestellt
- ⇨ Rausprellen: den Ball rausgeprellt
- ⇨ Passives Spiel: kein Angriffsbemühen / gute Abwehrarbeit

Tatsächlich gibt es aber beim Angriff des Gegners, bis ich – endlich – wieder über Ballverlust oder Ballgewinn in eigenen Ballbesitz gelange, noch eine ganze Menge an sonstigem Abwehrverhalten.

Da gilt es, Räume zuzustellen, den Ballbesitzer zu bedrängen, den Angriffsaufbau und Spielzüge zu stören. Meistens wird der Erfolg versprechende Abschluss verhindert, das Spiel mit einem Freiwurf unterbrochen oder die Angriffshandlung abgebrochen und neu aufgebaut. Der einzelne Abwehrspieler sollte sich hierbei situationsspezifisch verschieden verhalten. Es geht also darum, das Abwehrverhalten je nach Situation weiterzuentwickeln.

Nun lernt der einzelne Spieler im Kinderhandball zuerst, von der Rudelbildung im dicken Knäuel rings um den Ball zur Manndeckung überzugehen. Aber was kommt dann?

Grundtechniken des Abwehrverhaltens

In der D-Jugend kannst du schon viel weitergehen. In diesem optimalen Lernalter wird es Zeit, die einzelnen Grundtechniken des Abwehrverhaltens zu schulen. Wohlgemerkt: noch nicht alle, aber schon ziemlich viele.

1.	Abdrängen	zur Seite / nach außen schieben, zweiter Spieler kommt hinzu und hilft eventuell
2.	Festmachen	Hand auf den Ball und klammern
3.	Annehmen	aus vollem Lauf an der Schulter oder Brust bremsen
4.	Einläufer	vor Einläufer stehen und ihn beobachten, auf gleicher Höhe mitgehen
5.	Kreisläufer	vor oder hinter dem KL decken / zwischen Ball und Kreisläufer stehen und den Pass abfangen / seitlich neben dem KL stehen, Arm vorstrecken und Pass blocken / wegschieben / übergeben
6.	Ball herausprellen	nebenherlaufen und rausschaufeln / frontal von vorne

Das Angriffsspiel stören

Du wunderst dich vielleicht, dass hier als Grundtechnik das „Festmachen" auftaucht. Dies hat folgenden Grund: Systematisch betrachtet gibt es nicht nur das aktive oder passive Abwehrverhalten, sondern auch einen „Zwischenbereich". Tatsächlich existiert beim Angriff des Gegners, bis ich wieder über Ballverlust oder Ballgewinn in eigenen Ballbesitz gelange, noch eine ganze Menge an „sonstigem Abwehrverhalten".
Also:

Ziel 1 des Abwehrverhaltens ist der aktive Ballgewinn.
Ziel 2 umfasst das Stören des Angriffsspiels, um:

⇨   einmal den Torgewinn des Angreifers zu verhindern und
⇨   zweitens dann vielleicht doch den aktiven Ballgewinn bzw.
       passiven Ballverlust zu erreichen.

Dieses aktive Stören umfasst hauptsächlich folgende Aktivitäten:

⇨   Körperkontakt aufnehmen (Verlangsamung, Abdrängen)
⇨   Laufweg zustellen (Spielaufbau stören, Durchbruch verhindern)
⇨   Wurf/Zuspiel/Pass verhindern (Räume besetzen)
⇨   Regelwidrigkeiten begehen (festhalten, stoßen etc.)

Du wirst jetzt vielleicht aufmerken, aber zum Handballspiel gehören Regelwidrigkeiten (Fouls) einfach dazu. Versuche einmal selbst zu notieren, wie viele Freiwürfe es in einem Spiel gibt. Und die sind fast alle auf Regelwidrigkeiten gemäß Regel 8 zurückzuführen. Handball ist nun einmal ein Körperkontaktspiel und der Verteidiger kann im Zweikampf eine Menge anstellen: Schieben, Zerren, Ziehen, Reißen, Drehen, Schlagen, Wegdrängen, Drücken, Stoßen, Klammern, Festhalten, am Trikot ziehen, am Arm packen, Blockieren, Umarmen usw.

Die Frage ist: Wie sollen die Kinder das mit dem Körperkontakt lernen? Denn das Abwehrspiel in der D-Jugend wandelt sich fundamental: Nicht mehr der Ballgewinn mit körperlosem Spiel steht im Vordergrund, sondern der Körperkontakt mit Foulspiel (Regelwidrigkeiten) wird gebräuchlich und vorherrschend. Wie gehst du als Coach damit um?

Nun ist es logisch, dass du mit den Regelwidrigkeiten, welche durch den Körperkontakt in vielfältiger Art entstehen und die der Schiedsrichter ahndet, möglichst in dem Strafenbereich bleiben möchtest, in welchem deine Mannschaft entweder gar nicht oder nur wenig bestraft bzw. geschwächt wird. Die Foulpyramide zeigt deutlich an, dass ein erlaubtes Berühren oder ein schwacher Körperkontakt mit der Folge Freiwurf („Stoppfoul") anzustreben ist. Tatsächlich kommen die schweren Strafen nur selten vor und eine rote Karte habe ich bei der D-Jugend noch nie erlebt."

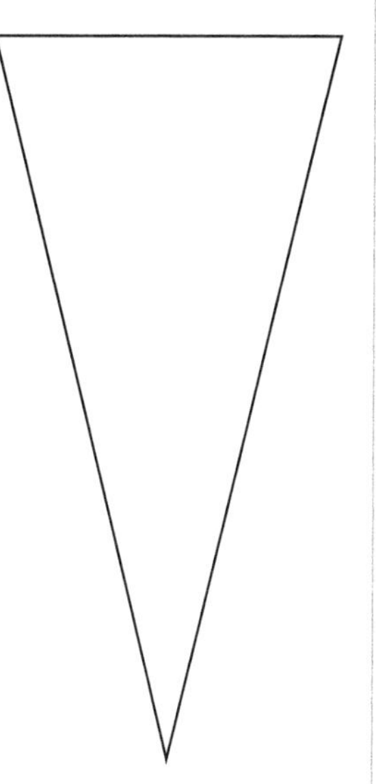

Das Abwehrverhalten ist beim Handballspiel in den verschiedenen Situationen völlig unterschiedlich. Mal geht es darum, den Durchbruch zu verhindern, dann wiederum steht im Vordergrund, den Wurf zu stören oder auch den Spielaufbau zu verlangsamen, vielleicht das Weiterpassen zu unterbinden, den Tempogegenstoß zu bremsen oder das Freilaufen zu blockieren. Der einzelne Spieler sollte im Lauf der Zeit Handlungsmöglichkeiten kennenlernen, die ihm bei den jeweiligen Spielverhältnissen helfen können, und diese natürlich trainieren.

Außerdem beginnt allmählich die Zusammenarbeit in der Abwehrgruppe wie das Aushelfen und das Übergeben / Übernehmen.

Die grundlegenden Techniken müssen dabei vor dem *positionsspezifischen* Handeln gelernt werden. Die Zuspitzung auf die jeweilige Abwehrposition darf den Blick auf die große Bandbreite des individuellen Abwehrverhaltens nicht verstellen.

Fair Play, Foulspiel und Foulpyramide

Das Abwehrspiel in der D-Jugend wandelt sich in einer Hinsicht fundamental: Nicht mehr der Ballgewinn mit körperlosem Spiel steht im Vordergrund, sondern der Körperkontakt mit Foulspiel wird gebräuchlich und vorherrschend. Nun hat das Foulspiel den „Geruch des Bösen" an sich und Foul spielen sollst du ja eigentlich nicht. Trotzdem gehört das Foulspiel zum Handball dazu, genauso wie der Sprungwurf und der Tempogegenstoß. Wie gehst du als Coach jetzt damit um?

So wie du deine eigenen Kinder zu guten Menschen erziehen willst, versuchst du hoffentlich gleichermaßen als Trainerin oder Trainer die Handballkinder zu fairen Spielern auszubilden. Dies ist bei den jüngeren kein Problem. Sie jagen nur dem Ball nach. Später allerdings ändern sich die Einstellungen grundlegend. Woran liegt das?

Die Entwicklungspsychologie hat sich ausführlich mit der moralischen Entwicklung von Kindern beschäftigt. Bei Bedarf findest du entsprechende Nachschlagewerke in den Bibliotheken. Mir geht es aber hauptsächlich um den Zeitpunkt, an dem die sogenannte moralische Entwicklung abgeschlossen ist.

Ein bekannter Philosoph schreibt: „Etwa im Alter von zehn bis zwölf Jahren beginnen Kinder, sich ein Bild davon zu machen, wer sie sind. So können sie sich nun fragen, ob sie ein guter Mensch sind und sich allgemein gut verhalten oder nicht. Sie gewinnen eine Vorstellung davon, was ein normales Verhalten ist, und empfinden im Zweifelsfall starke Schuldgefühle. Auch die Widersprüchlichkeit von sozialen Intuitionen wird plötzlich zum Thema. Man freut sich über einen Sieg, obwohl es zugleich an einem nagt, dass er unfair errungen wurde."[32]
„Mit etwa zwölf Jahren ... ist der moralische Mensch fertig. Der Rest ist Übung und Erfahrung."[33]

Das bedeutet nichts anderes, als dass Fouls und Strafen nun anders eingeschätzt werden. In der D-Jugend geht es los mit den Gelben Karten und

32 Richard David Precht, „Die Kunst, kein Egoist zu sein", München 2010, S. 136.
33 Precht ebenda, S. 137.

den Zeitstrafen. Dies geschieht wegen des viel häufigeren Körperkontakts und des Foulspiels. Du musst nun erklären, dass eine Gelbe Karte kein Weltuntergang ist, sondern nur eine Warnung. Zeitstrafen passieren auch immer mal wieder, sie zeigen, dass eine Grenze zum unfairen Verhalten überschritten wurde.

Die Kinder lernen nun, was unfaires Spielen ist. Dabei spielen Nützlichkeitsgesichtspunkte eine große Rolle. Unfaires Verhalten wird in einer Stufenleiter angeordnet (Foulpyramide). „Für was bekomme ich eine Rote Karte?“, wird jetzt gefragt und was für Folgen sie hat. Zeitstrafen sind zwar am Anfang schlimm, aber da der Spieler später wieder mitspielen darf, für den Einzelnen durchaus verkraftbar. Eine Hinausstellung sollte zwar vermieden werden, da die Mannschaft durch die Unterzahl geschwächt wird, aber sie kommt eben vor. Freiwürfe sind unschädlich, weil allermeistens ohne ernsthafte Folgen und daher wegen der Angriffsunterbrechung eher erstrebenswert.

In erster Linie muss es darum gehen, dass du als Trainer neben der Aufklärung, wie das Geschehen moralisch einzuordnen ist, auch Handlungshilfen gibst, damit gewisse unsportliche Verhaltensweisen nicht immer wieder passieren und sich unfaires Verhalten einschleift. Dazu gehört vor allem die Anweisung: „Wenn er dich ausgetrickst hat und vorbei ist, dann lass ihn das Tor werfen und stoße ihn nicht in den Rücken!“
Auch Niederreißen und Klammern von hinten sollten grundsätzlich vermieden werden.

Das Erlernen der individuellen Abwehrtechniken hilft sehr viel dabei, unfaires Abwehrverhalten zu unterlassen. Darum ist es unbedingt nötig, nicht nur durch Spiele, sondern gezielt mit methodischen Übungen korrektes Verhalten im Rahmen der Handballregeln zu lernen. Natürlich gibt es im Übereifer, als Notbremse oder aus Unwissenheit, vielleicht auch aus Hilflosigkeit Regelüberschreitungen, welche vom Schiedsrichter bestraft werden müssen. Es ist daher sinnvoll, im Training nicht nur unkorrektes Verhalten als solches zu bezeichnen, sondern es auch regelkonform zu ahnden, also den Spieler für zwei Minuten aus dem Verkehr zu ziehen.

Der bzw. die Schiedsrichter sind dazu da, die Härte aus dem Spiel zu nehmen. Die Entwicklung der Handballregeln versuchte immer wieder, körperliche Brutalität und Verletzungsattacken so nachdrücklich zu bestrafen, dass sie nicht mehr lohnten und deswegen nicht mehr angewandt wurden. Trotzdem existiert eine Grauzone, worüber zwar geschwiegen wird, aber sie ist vorhanden. Ich möchte drei Beispiele nennen:

⇨ Ball nicht rausprellen, sondern auf die Hand schlagen
⇨ am Ellenbogen stoßen, dass der Ball nicht gefangen werden kann
⇨ Wurfarm mit Karateschlag von oben nach unten an den Körper drücken

Bei allen drei Aktionen können schlimme Verletzungen geschehen. Ich kann dich als Trainer nur nachdrücklich dazu auffordern, dass du so etwas deinen Kindern nicht beibringst. Das hast du nicht nötig.

Eine Haltung wie „Erlaubt ist, was der Schiedsrichter zulässt!" darf im Kinderhandball nicht vorkommen. Leider sind manche Jungschiedsrichter nicht in der Lage, durchzugreifen und verletzungsträchtige Abwehraktionen zu unterbinden. Dann entstehen zwischen den Trainern oft Auseinandersetzungen darüber, was eine gesunde Härte sein soll und dass Handball kein Spiel für Warmduscher bzw. Weicheier sei. Hier wird schnell eine Grenze zum Unsportlichen überschritten. Denn die gesunde Härte ist allzu oft sehr ungesund und Handball soll doch bitte kein Spiel auf Leben und Tod sein. Wirklich nicht!

Der „4 + 2 außen" – Angriff und sonstige taktische Experimente

Eingeschränkte Handballformen

In den verschiedenen Handballverbänden wurde in der Vergangenheit immer wieder versucht, die Anforderungen des Handballspiels zu reduzieren, um es den Spielern in den verschiedenen Altersstufen leichter zu machen.[34] Im Minihandball wird dann 4 + 1 in einem kleineren Spielfeld gespielt, in der Schweiz spielte man in der U13 bei 5 + 1 mit einem Spieler weniger, in Württemberg durften die Kinder nur noch zweimal prellen – alles Maßnahmen in bester pädagogischer Absicht. Sie haben nur eines nicht berücksichtigt: Die kleinen Handballer wollen genauso spielen wie die großen, wollen genauso Tore werfen. Sie verstehen nicht, warum ausgerechnet sie zu einem anderen Spiel gezwungen werden sollen. Daher sind diese Maßnahmen immer mit einer gewissen Skepsis zu betrachten, und was sogenannte Handballexperten so alles empfehlen, ist erst einmal kritischen Tests zu unterziehen und auf Alltagstauglichkeit zu prüfen. Hier einige Beispiele:

Das 2 x 3 + 3-Spiel

Da hier die Mittellinie nicht überschritten werden darf, entfallen Tempogegenstöße, schnelle Mitte und zügiger Aufbau nach vorne über das ganze Feld. Gelingt es, den Ball in die Angriffshälfte zu passen, ist ein Tor fast garantiert. Durch die reduzierte Spielerzahl entstehen große Räume, sodass es leicht wird, durchzukommen und frei auf das Tor zu werfen. Natürlich entfallen auch alle komplexen Situationen, die nur mit 4 – 5 – 6 Spielern entstehen können.

---

34 Ein etwas anderer, aber ebenfalls bedenklicher Eingriff ist die „Passives Spiel"-Regel. Der Grundsatz „Ein Schiedsrichter darf nicht bestimmen, wie gespielt wird!" ist hier verletzt, da der Referee trotz aller Schulungsbemühungen letzten Endes willkürlich einen Maßstab anlegen kann. Da wäre eine Regel – ähnlich wie beim Basketball –, dass ein Angriff maximal 60 Sekunden dauern darf, weit besser oder man schafft das passive Spiel gleich ganz ab. Wer den Ball haben will, soll bitte offensiv attackieren ...

Mit anderen Worten: Es ist „Handball light". Für Anfänger taugt diese Spielform, denn sie haben auf einmal viele Torerfolge. Fortgeschrittene jedoch lernen in der Abwehr nichts, da eine Zusammenarbeit nicht möglich ist und sie im Eins-gegen-eins-Spiel überrannt werden. Sie wollen daher nur noch in der Angriffshälfte spielen. Diese Handballvariante sollte also nicht überbewertet werden und kann gelegentlich Anwendung finden. Mehr aber auch nicht.

Prellverbot

Bei einem Turnierbesuch im Württembergischen wurde mir in der E-Jugend verkündet, dass jeder Spieler nur zweimal prellen dürfe, dann müsse er abspielen. Das Resultat war eine mittlere Katastrophe: Immer wieder gelang es, mit Prelltäuschungen am manndeckenden Verteidiger vorbeizukommen, aber dann stand man frei zehn Meter vor dem Tor und die Wurfkraft reichte nicht, um ein solches zu erzielen. Ich habe auch schon gehört, dass in Dänemark ähnliche Einschränkungen erlassen wurden. Klare pädagogische Absicht bei dieser Maßnahme: Das Zusammenspiel soll verbessert und Alleingänge verhindert werden.

Nun können die Kinder in diesem Alter eigentlich keine weiten Pässe spielen. Wird im Einzelfall ein Pass 15 Meter weit geworfen, bedeutet dies auch einen harten Wurf, den der Empfänger oft nicht fängt, sondern den Ball abprallen lässt und dieser dann vom Gegner weggeschnappt wird. Folglich ist das Prellen das natürliche „Hauptfortbewegungsmittel". Erst wenn der Weg zum Tor konsequent zugestellt wird, denkt der Ballbesitzer an das Abspielen.

Warum dies verbieten? Nein, eher fördern! Ich denke also in die andere Richtung: So viel Prellen wie möglich, beidseitiges Prellen lernen, Prelltäuschung einsetzen und so die körperlichen Fähigkeiten nutzen.

Manchen Handballlehrern ist die soziale Komponente sehr wichtig. Natürlich wird durch ein Prellverbot der Blick zum Mitspieler erforderlich, alle Spieler werden einbezogen und der Ball läuft besser durch die Reihen. Das sieht dann richtig gut aus. Andere Trainer haben mir berichtet, dass dadurch aber der Wille geschwächt wird, selbst ein Tor zu werfen. Wenn ich den Ball habe, kann nur ich („Ich!") allein in der ganzen Halle ein Tor werfen. Also muss ich das erst mal versuchen. Wenn es dann nicht klappt, kann ich immer noch abspielen. Ich denke, es ist später leichter, einem Team das flüssige Passen beizubringen als jedem Einzelnen die notwendige Grundüberzeugung einzuimpfen, bei persönlichem Ballbesitz den unbedingten Tordrang zu entwickeln. Außerdem kann bei jedem Trainingsspielchen, ob Parteiball oder Basketball, ein Prellverbot oder eine Prellbeschränkung erlassen werden. Da muss doch nicht gleich der ganze Spielbetrieb mit Verboten überzogen werden – denke ich.

Die 1:5-Abwehr

Um das offensive Verteidigen zu fördern, wird seit 2003 im Deutschen Handballbund die 1:5-Abwehr vorgeschlagen.[35] Glücklicherweise haben viele Landesverbände noch andere Zwei-Linien-Abwehrformationen zugelassen. Denn das offensive Verteidigen verliert schnell seinen Reiz, wenn eine bestimmte Taktik viele Schwächen aufweist. Und die 1:5-Abwehr hat viele Schwächen. Ich kann als Trainer meine Mannschaft, besonders wenn sie körperlich unterlegen ist, nicht zu einer erfolglosen Spielweise zwingen, sondern muss darauf achten, wenigstens einige Erfolgserlebnisse, sprich Siege, nach Hause zu bringen. Also werde ich die Abwehrformation wählen, welche am besten zu meinem Team passt, und trotzdem noch offensiv verteidigen, so gut es geht.

Tatsächlich ist die 1:5-Abwehr eine „Testabwehr". Sie wurde früher nie in der Praxis angewendet – zumindest habe ich sie nie gesehen –, sondern als Abwehrtaktik in den Auswahlmannschaften verlangt und gepriesen. Übrigens wurde dort auch eine Viertelstunde Manndeckung gespielt. Nun will ich als Auswahltrainer natürlich möglichst schnell herausfinden, was meine Kandidaten/innen für Fähigkeiten haben. In der 1:5-Abwehr können die Angriffsspieler durch den üppig vorhandenen Tiefenraum ihre Täuschungen gekonnt ausspielen und nur die allerbesten Abwehrspieler mit sehr guter Beinarbeit Durchbrüche verhindern. Damit kann der Trainer sicherlich sehr viel erkennen.

35 Vgl. Thomas Hammerschmidt, „Vieles ist gut – manches geht besser!" S. 22-31 „handballtraining" Heft 4 / 2011.

In der Meisterschaftsrunde würde ich aber niemals die 1:5-Abwehr spielen, da sie einige entscheidende Nachteile aufweist:

⇨ Der Hintenmitte spielt gegen den Kreisläufer. Bewegt sich dieser extrem nach links oder rechts außen, wird der HM mitgezogen oder der Kreisläufer frei.

⇨ Der Tiefenraum zwischen Torraum und Freiwurflinie kann von jedem Angreifer – besonders von der ballentfernten Seite – dazu benutzt werden, überraschend oder mit Lauftäuschung einzulaufen.

⇨ Laufen zwei Spieler ein, entstehen so große Zwischenräume, dass auch die verbliebenen Rückraumspieler sehr gut durchbrechen können.

Es ist falsch, hier von einer „Schulungsabwehr" zu sprechen. Denn in dieser Formation wird nichts Abwehrspezifisches gelernt. Vielmehr müssen die Abwehrspieler mit verschiedenen Benachteiligungen leben, was ihnen die Lust an einer konzentrierten und intensiven Abwehrarbeit nimmt.

Offensive Abwehr

Nachdem generell vom DHB ab der D-Jugend offensive Verteidigungsformen verlangt werden, muss ich mir als guter Trainer entsprechende Abwehrtaktiken überlegen, wenn ich erfolgreich mit meiner Mannschaft bestehen will. Habe ich außerdem noch jüngere Spieler dabei, ist mein Team allzu oft körperlich unterlegen. Was also tun?

Körperliche Nachteile können nur durch Zusammenarbeit, Aushelfen und Doppeln ausgeglichen werden. Daher habe ich immer eine 3:2:1- oder 3:3-Abwehr bevorzugt, welche so etwas zulässt. Sind beim Gegner großartige Rückraumschützen auf dem Feld, wende ich die Formation offensiv an, sind eher schnelle, trickreiche Techniker vorhanden, dann spiele ich sie defensiver.

Viel Erfahrung der Akteure durch viele Spiele ist hilfreich, auch klare Absprachen und viel Reden miteinander nützen etwas. Natürlich wird es dann eine intensive positionsspezifische Schulung, wobei jeder Spieler aber mindestens zwei Positionen ausfüllen können sollte. Sonst leidet die Flexibilität und Ausfälle durch Verletzungen, Fehlen oder schlechte Tagesform kannst du nicht mehr ausgleichen.

Es ist mir immer wieder bei mir selbst aufgefallen, wie wenig ich Abwehr trainiert habe. Lieber wollen die Kinder Wurftraining haben oder Spielchen machen. Körperkontakt üben gehört nicht gerade zu den beliebten Dingen, viele Spieler müssen sich überwinden und mühsam herangeführt werden.

Der „4+2 außen"-Angriff

Mit gutem Erfolg habe ich bei offensiven Abwehrformationen (Manndeckung, 3:3, 1:5 usw.) den „4 + 2 außen"-Angriff angewandt. Dabei gibt es keinen Kreisläufer in der Mitte, sondern zwei Linksaußen und vier Rückraumspieler. Der Rechtsaußen agiert zuerst als Rückraumspieler, bewegt sich dann aber bis zum Eckball nach außen. Du könntest auch grundsätzlich zwei Rechtsaußen einsetzen, aber

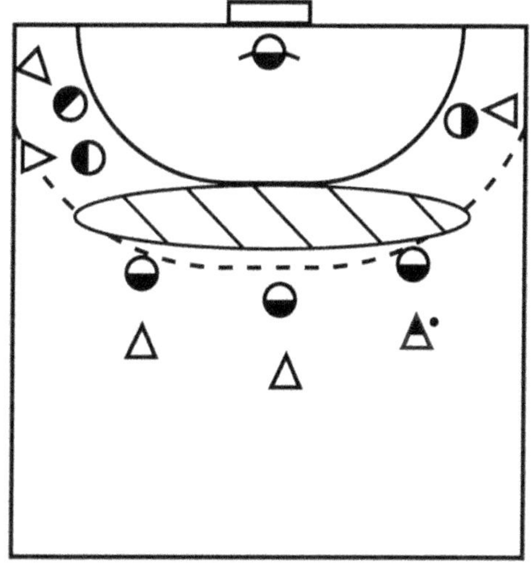

da die meisten Spieler Rechtshänder sind, ist es vorteilhafter, sie von links außen einlaufen zu lassen. Es wird mit den Auslösehandlungen „Einlaufen" und „Kreuzen" gespielt. Die Spieler sollen möglichst alleine und selbstständig entscheiden, was sie jeweils machen wollen.

⇨ Ein Linksaußen läuft ein (nicht nur bis zur Siebenmeterlinie, sondern darüber hinaus),

⇨ ein Linksaußen und ein Rechtsaußen laufen gleichzeitig oder nacheinander ein,

⇨ zwei Linksaußen laufen hintereinander versetzt ein,

⇨ zwei Linksaußen laufen gleichzeitig ein (einer am Kreis, einer im Rückraum);

⇨ der linke Rückraumspieler orientiert sich dann zur Seitenlinie und stößt links durch;

⇨ der Rechtsaußen geht bis zum Eckball hinaus,

⇨ der Rückraum kreuzt einfach oder doppelt von links oder rechts usw.

⇨ der Einläufer biegt überraschend am Siebenmeter in den Rückraum ab und bietet sich zum Doppelpass an oder setzt sich selbst mit Drehung zum Torraum durch.

Du siehst, es wird folgendermaßen gearbeitet: einlaufen von links und rechts am Kreis oder im Rückraum, Kreuzen im Rückraum einfach oder doppelt. Gekoppelt mit guten Täuschungen kommt dann oft ein Spieler frei durch. Ziel ist das Schaffen von größeren Durchbruchsräumen, die Verteidigung soll nicht mehr aushelfen können. Das ist ziemlich genau das Gegenteil von sturem Durchpassen und Stoßen, aber wie soll ich denn sonst die Verteidigung in Bewegung bzw. „ins Schwimmen" bringen?

Da der Kreisläufer links am Eckball postiert wird und die Abwehr meistens mit Manndeckung reagiert, entsteht ein großer, freier Tiefenraum in der Mitte (siehe Grafik). Schalten die Abwehrspieler auf Raumdeckung um und bleibt der Hintenmitte stehen, kommt die Abwehr bei zwei gleichzeitig einlaufenden Linksaußen in Zuordnungsprobleme und können die Einläufer in den Zwischenräumen oft angespielt werden.

Wichtig ist der schnelle Ballvortrag in den Angriff und das sofortige Einlaufen. Geschieht dies zu langsam, entsteht oft ein merkwürdiger 6:0-Angriff (siehe zweite Grafik). Der Halbrechte sucht dann den Rechtsaußen, der kann nur angespielt werden, wenn er im Rückraum bleibt, die drei Spieler

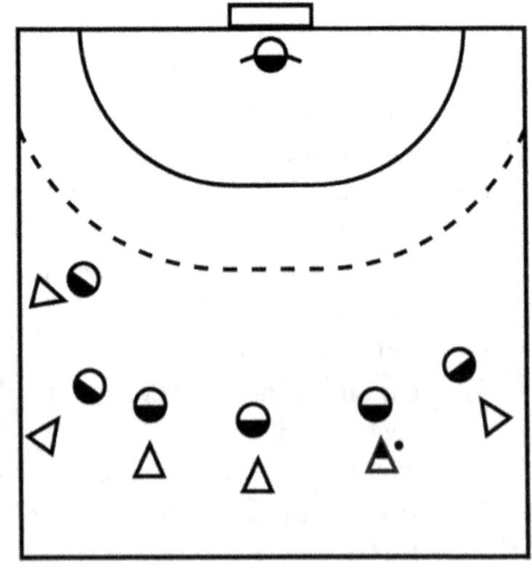

auf der linken Seite stehen sich selbst im Weg und warten erst einmal ab, was jetzt wohl geschehen könnte. Da muss der Trainer von der Bank aus leider lautstark die Einnahme der richtigen Positionen und das Einlaufen fordern.

Als Spezialität für Fortgeschrittene kann das doppelte Kreuzen angewandt werden (siehe dritte Grafik). Dabei zieht der Rückraummitte (RM) mit dem Ball und Prellen nach rechts (oder links), legt den Ball nach hinten auf den Rückraumrechts (RR) ab und kehrt wieder in den Rückraum auf halb rechts zurück. Der RR läuft lang über die Mitte nach links und prellt mehrmals, legt dann auf den Rückraumlinks (RL) nach hinten ab und kehrt in den Rückraum zurück. Der RL prellt mit dem Ball schräg nach rechts und legt wieder ab. So entsteht aus den drei Rückraumspielern ein Achterlauf.

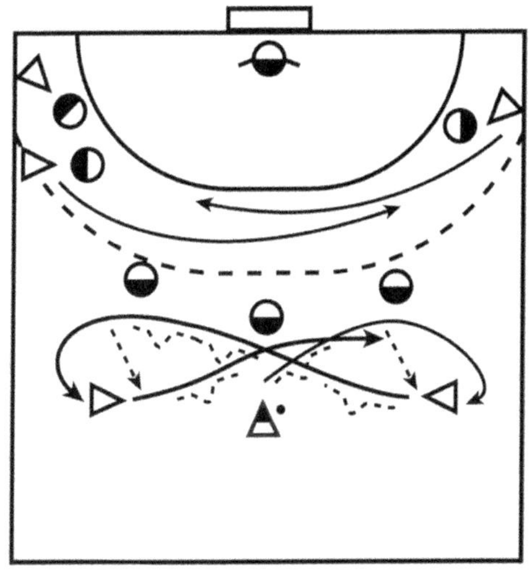

Entscheidend ist das spontane Abbrechen des Achterlaufs, wenn nicht mehr abgespielt wird, sondern plötzlich der Durchbruch gesucht wird. Hier ist die Kreativität der einzelnen Spieler gefordert. Ein ewiges Hin- und Herlaufen in Achterform ist zwar schön anzuschauen, aber letztlich unergiebig und wertlos.

Laufender Kreisläufer

Während bei den erwachsenen Handballspielern der Kreisläufer vom Kreis in den Rückraum herauskommt, um eine Sperre zu stellen oder sich zum Zusammenspiel (Neudeutsch: „Give and go") anzubieten, bekommen das die Handballkinder in diesem Alter bis auf wenige Ausnahmen noch nicht hin.

Eine Alternative zum „4+2-außen"-Angriff ist folgende taktische Anweisung: Der Kreisläufer tauscht mit dem Außenspieler ab und zu den Platz. Dies kann nach beiden Seiten erfolgen und stiftet eine Menge Unruhe in der Abwehr. Ein Vorteil dieser Anweisung ist, dass der Spieler auf der Außenposition durch das Auftauchen des Kreisläufers bei ihm deutlich aufgefordert wird, jetzt loszulaufen.

Es kommt Bewegung in das Spiel, die Manndeckung bekommt Schwierigkeiten und der Platz im Neun-Meter-Raum hinter den offensiven Verteidigern wird ausgenutzt.

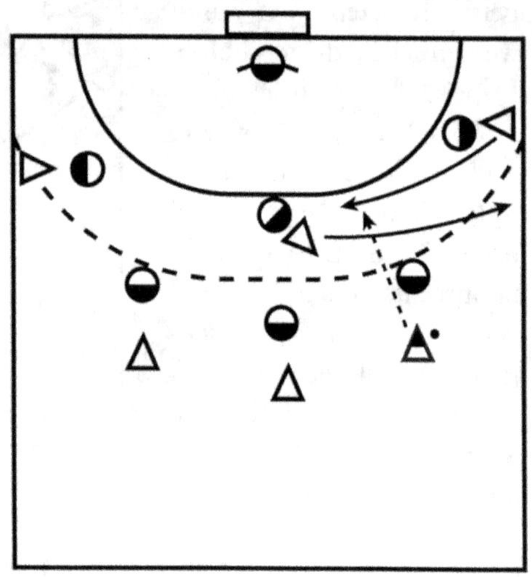

C-Jugend

Besondere Merkmale dieses Altersabschnitts

Vorbemerkung

Warum hier noch Anmerkungen zur nächsten Altersstufe? Knappe Antwort: weil der Übergang einschneidend ist. Oder anders ausgedrückt: Es soll der Unterschied klar werden, was in der E- und D-Jugend noch nicht geht. Denk bitte mal darüber nach.

Körperliche Entwicklung

Einige (nicht repräsentative) Daten aus von mir betreuten Mannschaften (E-, D-, C-Jugend) habe ich in einer Tabelle zusammengestellt (siehe Kasten). Man erkennt, dass es in jeder Altersstufe klein gewachsene und leichtgewichtige Kinder geben kann. Andererseits sind die C-Jugendlichen erstaunlich in die Höhe geschossen und der Größenunterschied untereinander liegt bei 37 Zentimetern. Das hat Konsequenzen in vielerlei Hinsicht.

In der C-Jugend sind außergewöhnliche Wachstumsschübe festzustellen. Die enormen Unterschiede in Größe und Gewicht führen dazu, dass die Großen die Kleinen einfach überrennen, wegdrängen oder über sie hinwegwerfen. Daher kann man im ersten Jahr der C-Jugend oft nur die Ziele der D-Jugend trainieren und einen allmählichen Übergang vornehmen. Auch muss immer wieder an das Durchhaltevermögen appelliert werden. „Haltet durch, in einem Jahr seid ihr die Großen und könnt auf die Jüngeren herunterschauen!"

Die fortgeschrittenen körperlichen Fähigkeiten sind nun besonders gut nutzbar, um den Sprungwurf aus sieben bis acht Metern Entfernung zum Tor zu lernen und das Angriffsspiel darauf aufzubauen. Man muss nicht mehr auf Durchbruch spielen, sondern kann entweder über den Verteidi-

Nr.	Körper-gewicht kg	Körper-größe (cm) cm	Mittel-wert Körper-größe	Mittel-wert Körper-gewicht
1	35	150		
2	46	157		
3	50	167	C-männlich	
4	63	168		
5	50	171	171 cm	54,1 kg
6	53	175		
7	64,5	180		
8	65	184		
9	60,5	187		
1	34	148		
2	36,5	150	D 1-männlich	
3	54	158		
4	42,5	159	160 cm	47,9 kg
5	54	166		
6	59	169		
7	55	170		
1	36	149		
2	37	149,5	D 2-männlich	
3	41	152		
4	36	152	152 cm	42,5 kg
5	44	158		
6	46	158,5		
7	55	163,5		
8	45	164,5		

ger hinweg oder durch die Lücke ein Tor erzielen. Der gerade und schräge Anlauf zum Sprungwurf erweitert die taktischen Möglichkeiten enorm. Die großen Rückraumspieler sind jetzt entscheidend. Wer sie bis jetzt aufgepäppelt hat, wird nun die Ernte einfahren.

Aber auch der Kraftzuwachs ist bemerkenswert. Würfe aus neun oder zehn Metern Entfernung werden mit großer Präzision und enormer Wucht ausgeführt. Die armen Torhüter bekommen dies zu spüren. Auch für sie gilt: durchhalten! In einem Jahr haben dann ihre Reichweite und die Sprungkraft so zugenommen, dass auch solche kraftvollen Würfe besser haltbar sind. Wer möchte, kann die Wurfkraft mehrmals mit dem gar nicht so teuren Geschwindigkeitsradar messen.

Noch ein Tipp: Oft spielen die größten Spieler auf der Halbposition und die Kleinen auf den Flügeln – und zwar im Angriff wie in der Abwehr. Wenn Du nun einen deiner Großen auf außen stellst, wird der kleine Gegenspieler den langen Angreifer nicht halten können und schnell resignieren. Das sei nicht fair, sagst du? Der andere Trainer kann ja reagieren und ebenfalls – wenn er clever genug ist – einen größeren Abwehrspieler nach außen beordern.

Durch die geistigen und körperlichen Fortschritte kannst du klar sagen: In der C-Jugend fängt der Handball noch einmal richtig an. Die verbesserte Athletik und der Kraftzuwachs lassen es zu, in Richtung Erwachsene zu trainieren. Um Missverständnisse zu vermeiden: Natürlich gibt es immer noch Mängel und Schwierigkeiten, aber du kannst jetzt schon viel mehr verlangen. Und das bedeutet: Viele neue Dinge müssen einstudiert werden. Und das sollen dünne Bohnenstangen und pubertätsgeplagte Jugendliche schaffen? Na klar!

Spezialisierte Positionen

Die positionsspezifische Ausbildung in Angriff und Abwehr schlägt voll durch. Die Mannschaft setzt sich jetzt bereits aus Spezialisten zusammen und die Stärken jedes Einzelnen kommen zum Tragen. Deswegen wird die Teambildung sehr starr und ist schnell festgefügt. Wer jetzt noch keine sichere Position unter den ersten sieben besitzt, hat es schwer, sich zu zeigen und zu glänzen. Unsportliche Spieler oder solche mit Koordinationsdefiziten fallen deutlich ab und scheiden vermehrt aus.

Die Anforderungen der einzelnen Positionen müssen grundsätzlich von jedem erlernt werden. Oft wird aber eine Positionsspezialisierung übertrieben. Jeder Spieler muss als Kreisläufer, als Außen- oder Rückraumspieler ausgebildet werden und dort spielen können. Der Trainer braucht viel Überredungskunst, um die offen gezeigte Widerspenstigkeit zu überwinden.

„Ich kann das nicht! Ich hab das noch nie gespielt! Ich habe keine Lust, am Kreis zu spielen!" So oder ähnlich sträubt sich mancher, weil er bereits genaue Vorstellungen von seiner Lieblingsposition besitzt und diese im Team nicht verlieren will. Aber bei Spielzügen, als Folge von Verletzungen, bei Zeitstrafen oder sonstigen Ausfällen muss die Mannschaft jede Position mit einem fähigen Ersatzmann besetzen können. Da gilt es, die Überlegungen und Hintergründe des Trainerhandelns offenzulegen, um mit guten Erklärungen überzeugen zu können. Geistig nachvollziehen und gut verstehen können es die Spieler in dieser Altersstufe auf jeden Fall.

Taktische Vielfalt

Die einstudierten Vorräte bei der Individual-, Gruppen- und Mannschaftstaktik sind zwar noch nicht groß, doch jetzt müssen bereits einige Antworten für die Profile der Gegner bereitliegen. Im Bereich der Abwehr sollte ein defensives 6:0 (gegen klein gewachsene Gegner) oder offensives 5:1 (gegen spielstarke Teams) gekonnt werden.[36] Manche Trainer wenden die 3:2:1-Verteidigung als Standard immer an. Jede Abwehrtaktik verlangt klare Verhaltensweisen auf den jeweiligen Positionen, welche gekonnt sein müssen.

Sind die Positionen vergeben und ihre Erfordernisse eintrainiert, können im Angriff nun durchaus die ersten Spielzüge angewandt werden. Aber Vorsicht: Es gibt nichts Langweiligeres und Eintönigeres als das Training

---

36 Auch wenn offensive Verteidigungsformen offiziell (vom DHB) vorgeschrieben sind, ist das Bekanntmachen mit diesen Varianten durchaus sinnvoll.

von Spielzügen. Hast du dich für eine bestimmte Angriffskonzeption entsprechend den vorhandenen Spielern entschieden, ist es empfehlenswert, daneben noch einige (wenige) Standardspielzüge einzuüben. So kann gegen einen defensiv stehenden Gegner ein Dreierwechsel (doppeltes Kreuzen im Rückraum) oder gegen eine 3:2:1-Formation der Übergang zum Kreis Erfolg versprechen. Es lohnt sich aber nicht, viel Zeit und Energie z.B. für das Einstudieren eines Überzahlangriffs aufzuwenden, wenn in der entsprechenden Spielklasse weitgehend fair und mit wenigen Zeitstrafen agiert wird.

In manchen Vereinen gibt es Spielzüge, welche in allen Mannschaften (außer bei den Minis) gespielt werden. Diese müssen natürlich gekonnt sein. Da kommst du nicht drum herum. Andererseits hat jeder Trainer so seine persönlichen Vorlieben und bevorzugt daher oft „den genialen Spielzug", der bis zum Umfallen einstudiert wird. Eine abwechslungsreiche Mischung im Training sollte hier entgegenwirken. Außerdem muss klar sein: Spielzüge betonieren die einzelnen Positionen und verschlingen viel Energie. Hier musst du selbst abwägen, wie du die Anteile der Ausbildung in den verschiedenen Bereichen gewichtest. Manche Mannschaften – um das offen anzusprechen – sind auch vom Trainingseifer und von der Intelligenz her nicht in der Lage, viele Spielzüge zu beherrschen.

Wenn die persönlichen Stärken der Spieler nun nicht so überragend sind, kann man mit einer vielschichtigen Angriffskonzeption einiges wettmachen. Es muss dir aber immer bewusst sein: Taktik bringt manchen Farbtupfer ins Spiel, aber den Grundstock für die mannschaftliche Stärke bilden die individuellen Fähigkeiten der einzelnen Handballspieler.

Probleme mit sich selbst

Das enorme Wachstum in diesem Alter verunsichert jeden Spieler. Es dauert seine Zeit, bis er wieder die gewohnten Bewegungsabläufe beherrscht. Andere verzweifeln, weil sie mit dem Größerwerden hinterherhinken und so klein sind. Wenn dann aber die neuen Möglichkeiten erkannt werden, setzt die Motivation wieder voll ein.
Spiel- und Regelkenntnisse nehmen, wenn entsprechende Informationen da sind, enorm zu. Viele probieren zum ersten Mal aus, wie ein Schieds-

richter pfeifen muss. Sie können auch im Verein für kleinere Aufgaben eingespannt werden. Mit dem Selbstbewusstsein vergrößert sich die Selbständigkeit des Einzelnen. Ausrüstung, Aussehen und Auftreten sind jetzt ungeheuer wichtig.
Der Trainer tut gut daran, kleinere Aufgaben zu delegieren. Rituale, Sprechchöre, Freudentänze und Ähnliches gehören einfach zur Teambildung dazu.
Die Pubertät erweitert den Horizont auch auf zwischenmenschlichem Gebiet. Mädchen und Jungen erproben erste Annäherungen, auch wenn Freundschaften noch auf sehr wackligen Füßen stehen und sich jeden Tag ändern können.

Positionen

Der Kreisläufer

In vielen Teams wird die Ausbildung des Kreisläufers vernachlässigt. Das ist eine traurige Tatsache. Dabei muss dieser Spieler je nach Taktik sehr verschiedene Aufgaben erfüllen und auch etwas in der Birne haben. Nicht der Dicke oder Doofe sollte am Kreis spielen, sondern ein mit allen Wassern gewaschener, strapazierfähiger und beweglicher Haudegen. Denn so sieht es aus: Er spielt in einem Spiel nur für die anderen, in der nächsten Partie muss er hingegen selbst die Räume nutzen und einnetzen. Daher wirft er mal kein Tor, dann wieder sechs oder sieben Stück. Er steht eingeklemmt in der Verteidigung, deshalb ist er auf das In-Szene-Setzen und Anspielen durch den Rückraum angewiesen. Oder er arbeitet nur für die Werfer und schafft Freiräume.

Der Kreisläufer hat meist nur kleine, begrenzte Räume zur Verfügung. Daher muss er körperlich viel einstecken und spezielle Bewegungsabläufe beherrschen. Dazu kommt: Er bewegt sich nahe am Torraum und sollte mehr als alle anderen nach unten schauen und die Torraumlinie beachten. Das Heikelste: Er muss Sperren setzen. Dieser Körperkontakt ist bei den meisten sehr unbeliebt und kostet Überwindung.

Im Spitzenhandball tauchen auf der Kreisläuferposition wahre Kolosse auf, mit 130 Kilogramm Kampfgewicht und zwei Metern Größe. Im Jugendhandball findet dies nicht statt. Stattdessen musst du eine Auswahl aus allen möglichen Spielertypen treffen, je nach vorhandenem Spielermaterial. Zwar kann ein schneller, eher kleiner Kreisläufer sich besser absetzen und flink bewegen, aber je größer und körperlich robuster die Verteidigung ist, desto chancenloser wird er sein. Deswegen würde ich doch eher jemanden mit einer gewissen Größe und entsprechendem Gewicht einsetzen.

Anspielhöhe beim Kreisläufer

Das Anspiel des Kreisläufers wird nun ein wichtiger Bestandteil des Trainings. Zuspiele als Aufsetzer, durchgesteckt am Körper des Verteidigers vorbei oder gar durch die Beine, Pässe über den Abwehrspieler hinweg, und dies in vielen Abwandlungen, müssen perfekt gekonnt werden, wenn das Zusammenspiel klappen soll.

Du wirst es selbst aus deiner aktiven Handballzeit wissen: Es gibt eine optimale Anspielhöhe beim Kreisspieler und das musst du deinen Lehrlingen unbedingt vermitteln. Pässe auf die Schuhe oder auf das Schienbein sind unsinnig (verbotenes Fußspiel). Aber auch von Nabelhöhe bis Knie wird es schwierig, weil der Fänger die Arme erst mal nach unten strecken und die Hände umklappen muss (die kleinen Finger der Hände sind beieinander). Das kostet Zeit, der Kreisläufer reagiert zu spät und der Ball ist weg.

Genauso schwierig ist das Fangen von hohen Anspielen über dem Kopf. Mach einmal mit allen Spielern folgende Übung: Jeder hat einen Handball und hält ihn leicht angewinkelt vor der Brust. Alle schauen nun weiterhin geradeaus und führen den Ball langsam nach oben. Er verschwindet schließlich über dem Kopf aus dem Gesichtsfeld. Mit anderen Worten: Ein Anspiel auf dieser Höhe muss der Fänger blind erwischen, er muss aus dem weiter entfernten, noch sichtbaren Teil des Fluges errechnen, wo er mit den Händen den Ball schnappen kann. Das ist sehr schwierig und gerade der Rückraumspieler darf sich nicht wundern, wenn solche Zuspiele nicht klappen. Also sollten die Bälle in der bestmöglichen, richtigen Anspielhöhe ankommen (auf Brusthöhe). Du wirst dies leichter

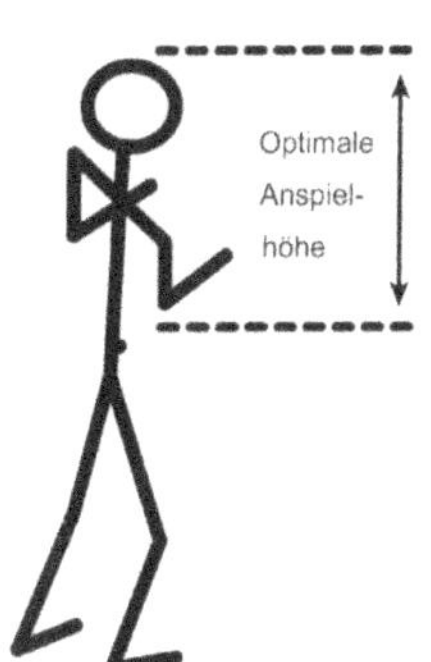

vermitteln, wenn du im Training die Rückraumspieler ein paarmal an den Torraum stellst und ihnen absichtlich zu hohe bzw. zu tiefe Pässe zuspielst.

Noch etwas: Das Fangen mit nur einer Hand sieht zwar sehr gut aus, aber es sollte in dieser Altersstufe noch nicht im Mittelpunkt stehen. Tja, und gute Knie- bzw. Ellenbogenschützer sind – nicht nur für den Kreisläufer – jetzt Pflicht!

Würfe und Bewegen am Kreis

Oft sind die Räume am Torraum sehr eng, also sind die Würfe des Kreisläufers darauf abzustimmen. Wenn er mit dem Rücken zum Tor steht und den Ball besitzt, sollte er aber immer – wenn möglich – mit zwei bzw. drei Schritten einen Halbkreis zur Seite und zum Tor ausführen. Sieht nämlich der Torwart das Anspiel zum Kreis kommen und geht ihm schnell entgegen, wird jener riesengroß, deckt das ganze Tor ab und es ist sehr schwierig, den Ball an ihm vorbeizubringen. Durch die Schritte (oder auch Schrittchen) zur Seite geht der Winkel neben dem herausstürzenden Torwart auf und der Abschluss fällt leichter. Wenn dann noch ein Fallwurf zur Seite hinzukommt, wäre dies optimal.

Wird der Kreisläufer zwischen zwei Verteidigern eng gedeckt, kann er sich nur noch drehen und aus dem Stand werfen. Zwar wäre ansonsten ein Fallwurf möglich, doch auch dabei hat der herauseilende Torhüter gute Abwehrchancen. Erfolg versprechender ist der beidfüßige Sprungwurf mit Hochspringen aus dem Stand, bei dem durch gespreizte Beine die nötige Körperspannung für einen harten Wurf erreicht wird.
Der Kreisläufer darf sich außerdem bei mir in der ganzen Spielfeldbreite bewegen. Viele Außenverteidiger reagieren nervös, wenn auf einmal der Kreisspieler bei ihnen auftaucht. Ein schablonenhafter Standort in der Mitte am Siebenmeter erleichtert der Abwehr die Zuordnung ungemein, deshalb sollte sich der Kreisläufer gerade bei der zweiten und dritten Welle im Angriff weit zur Seite bewegen.

Jetzt kannst du allmählich eine Absprache zwischen Verteidigern und Torwart einführen. Da die Würfe aus dem Rückraum geblockt werden sollen, ist hier eine Einigung nötig. Meistens übernimmt der Torhüter das kurze und der Block das lange Eck. Da die Angreifer aber auch nicht auf den Kopf gefallen sind, versuchen sie über die blockenden Verteidiger hinwegzuschießen und der Torwart kann dann diese Würfe – wenn er darauf spekuliert – sensationell halten. Je nach Situation ist die Absprache jedoch flexibel zu betrachten, irgendein Block ist jedenfalls besser als gar keiner. Selbstverständlich muss der Torwart sich von links nach rechts (und andersherum) entsprechend der Position des Balles bewegen. Ob er nach vorne geht oder lieber hinten auf der Torlinie bleibt, ist individuell verschieden. Ich habe es immer so gehalten, dass jeder Torhüter seinen persönlichen Stil je nach Fähigkeiten und körperlichen Voraussetzungen entwickeln darf. Was nicht bedeutet, dass er machen kann, was er will!

Oft siehst du den Torwart bei Schüssen von außen die Position neben dem Torpfosten einnehmen und dann hebt er schablonenhaft wie ein Hündchen beim Gassigehen das Bein, damit der Wurf ins lange Eck unten durchflutschen kann. Zum Verzweifeln! Lass ihn Folgendes probieren: Er soll ziemlich vom Pfosten entfernt mehr zur Mitte stehen und das kurze Eck (!) anbieten. Viele Außenstürmer werden das Angebot – weil ungewohnt – gerne annehmen, dann macht der Torwart aber schnell das Eck zu und hält den Wurf.
Genauso kann er versuchen, gegen Würfe bei Tempogegenstößen zu taktieren. Dabei steht der Hüter etwa zwei Meter vor dem Tor in X-Stellung, macht aber die Arme in Schulterhöhe (!) sehr breit. Das verleitet fast immer zu hohen Schüssen. Im Moment des Wurfes springt er nach vorne und reißt die Arme nach oben.
Auch beim Siebenmeter kann der Torwart taktieren. Zum Beispiel stellt er sich nicht genau in die Mitte, sondern etwa 30 Zentimeter seitlich versetzt auf. Außerdem hält er beide Arme zur kürzeren Seite. Der Schütze muss nun überlegen, wo er hinwerfen soll. Wirft er in die verkleinerte Seite, trifft er die ausgestreckten Arme und das Bein, wirft er zur vergrößerten Seite, muss er befürchten, dass der Torhüter voll in diese Richtung spekuliert.

Der Außen

Viele schmächtige Spieler sind technisch gut, landen jetzt aber wegen ihrer mangelnden Durchschlagskraft auf dem Flügel. Große Schnelligkeit für die Tempogegenstöße und gute Sprungkraft sind keine Fehler. Dabei pendelt mancher Spieler auch zwischen Rückraum Mitte und außen hin und her. Dabei muss der Flügelspieler anerkennen, geduldig an der Eckfahne zu warten, bis endlich auch für ihn ein Anspiel kommt – oder bei guter Abwehrarbeit lange gar keins. So sprintet der Außen anfangs mit voller Kraft nach vorne, um dann draußen unwirksam zu verhungern. Stichwort schneller Gegenstoß: Der Flügel muss antizipieren können, er liest also in der Abwehr das Angriffsspiel des Gegners und startet bereits beim Wurfansatz nach vorne.

Bei vielen Spielzügen oder Angriffskonzepten wird erst zum Schluss der Flügel eingesetzt, der dann einen sicheren Torwurf hinbringen soll. Gelingt dies in der Grundform, entwickeln viele Außen im Laufe der Zeit Wurftricks und Varianten. In diesem Altersabschnitt bist du aber erst einmal froh, wenn der Links- oder Rechtsaußen seine Chancen schnörkellos sicher verwertet. Aus einem schlechten Winkel mit Drehern und Legern den Abschluss zu suchen, wäre wirklich nicht empfehlenswert. Dafür solltest du erst mal auf eine gute Landetechnik achten. Verzögert werfen, dann auf dem Bauch landen und mit den Händen durchschieben, das ist durchaus notwendig zu lernen. Manche Trainer bevorzugen die Landetechnik mit dem Abrollen über die Schulter – auch nicht schlecht!

Linien- und Eckenaußen

Je nach Taktik muss der Flügel jetzt Ecken- oder Linienaußen spielen können. Beide Positionen sind sehr verschieden und erfordern besondere Schulung. Während der Eckenaußen dem Rückraumhalb entgegenläuft und sich an der Neun-Meter-Linie zum Anspiel anbietet, stößt der Linienaußen an der Seitenlinie entlang und wird selbst zu einem Rückraumspieler. Allgemein gehören Einlaufen und Sich-am-Kreis-Bewegen jetzt zum geistigen Rüstzeug. Auch das Kreuzen und Werfen aus dem Rückraum muss geschult werden. Viele Flügelspieler können dies nicht!

Noch eine Bemerkung zum Eckenaußen. Ich meine, bei Letzterem reicht es immer noch, wenn der Sprung Richtung Tor und nicht Richtung Siebenmeter ausgeführt wird. Erst bei fortgeschrittenen Spielern kann über das Kräfteparallelogramm (nachgucken, was das ist!) erklärt werden, warum der Wurf beim Sprung Richtung Siebenmeter irgendwohin anders gezielt werden muss, um schließlich genau im Eck einzuschlagen.

Der Rückraumspieler

In der C-Jugend ändert sich etwas Grundsätzliches: Der Kraftzuwachs erlaubt es jetzt, einen Sprungwurf aus acht bis neun Metern Entfernung abzufeuern. Die gestiegene Sprungkraft ermöglicht es außerdem, über die Verteidiger hinwegzuwerfen. Der groß gewachsene, athletische Spielertyp wird zur entscheidenden Figur im Spiel. Darauf muss auch ein großer Teil des Trainings ausgerichtet sein. Überhaupt kommen viele neue Elemente hinzu oder einige werden wichtiger als vorher. Die Pässe sind schneller und kräftiger, das Fangen schwieriger. Das Anspiel zum Flügelmann oder Kreisläufer bei hoher Geschwindigkeit muss sitzen, Auslösehandlungen (Sperren, Kreuzen usw.) sind zu üben. Aufzufrischen ist auch die Körpertäuschung, sonst wird sie schnell verlernt.

Jedes der genannten Elemente kann verfeinert und abgewandelt werden, z.B. der Sprungwurf: mit drei, zwei oder einem Schritt(en), mit dem falschen Bein abspringen, schräg anlaufen, mit oder ohne Prellen, beidfüßiger Absprung, Abspiel im Sprung usw. Hier hat der Trainer eine große Auswahl[37] und du solltest dich früh entscheiden, worauf du deine Schwerpunkte legst.

Druck machen?

Im Gegensatz zur E- und D-Jugend kann der Trainer in diesem Altersabschnitt schon Druck machen. Was heißt das?
Wenn ich sportlichen Erfolg haben will, sollte dies als Ziel angesprochen werden. Damit ist es aber längst nicht getan. Nur durch viele individuelle

37 Einen guten Überblick findest du bei Christoph Kolodziej, „Erfolgreich Handball spielen", München 2013, S. 74 ff..

KLASSISCHER KOLBENSTOSS (geradeaus):

Alle Rückraumspieler bewegen sich vorwärts in Richtung Tormitte, spielen den Ball seitwärts im 90° -Winkel ab und laufen rückwärts auf die Ausgangsposition zurück.

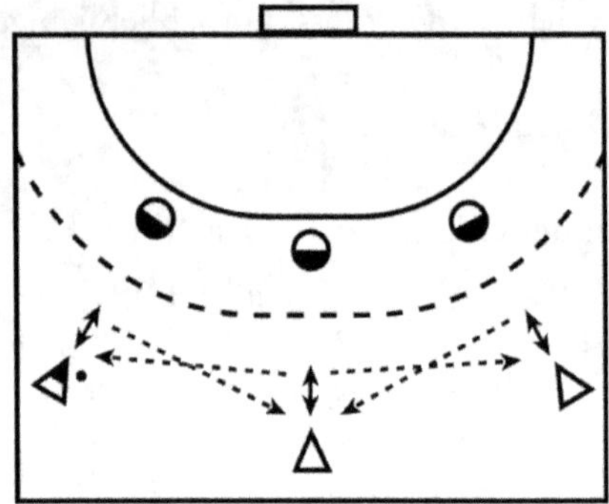

RUMÄNISCH (seitlich):

Die Rückraumspieler laufen auf die Seitenlinie zu. Der Rückraumlinks (mit Ball) beispielsweise macht zwei Schritte nach links und spielt einen Doppelpass mit dem entgegenkommenden Außen. Dann läuft er in die andere Richtung zurück und bekommt den Ball wieder, um wiederum drei Schritte seitlich zu laufen.

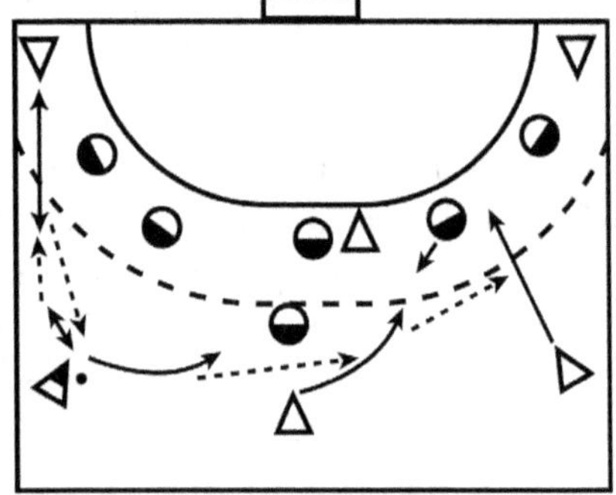

Ist der Abwehrspieler zu spät dran mit dem seitlichen Verschieben, wird abgebogen Richtung Tor (mit Prellen) und geworfen. Der Rückraummitte bewegt sich ebenfalls seitwärts und stößt dann in die Lücke. Das Ganze wird dann auch von der rechten Seite gespielt.

Drei grundsätzliche Arten des Stoßens

STOSSEN IM BOGEN:

Der Rückraumspieler läuft im Bogen Richtung Tormitte, spielt den Ball seitlich ab, läuft rückwärts im Bogen (Überkreuzschritte) auf die Ausgangsposition zurück, bekommt den Ball wieder und stößt in die andere Richtung im Bogen zum Tor.

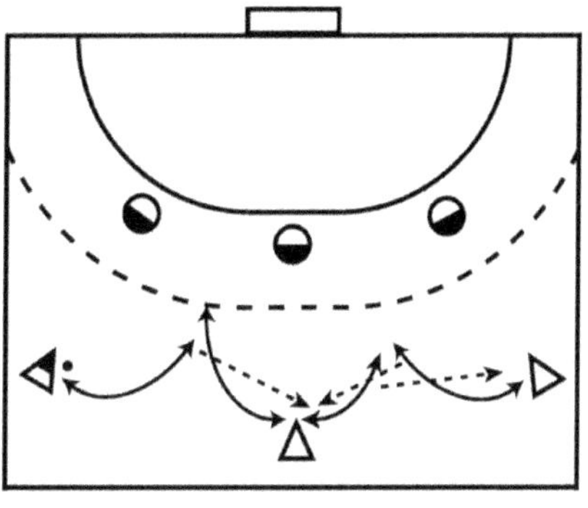

Maßnahmen wird jeder einzelne Spieler mehr als nur eine Durchschnittsleistung abliefern.

Einige Beispiele:
Im Statistikbogen zum Spiel werden nicht nur die Tore, sondern auch die Fehlwürfe notiert. Ein Spieler mit Leistungsbewusstsein wird beide Werte anschauen und nicht nur die erfolgreichen Würfe bejubeln. Vielleicht schaffst du es auch, gute und schlechte Abwehraktionen zu erfassen und mit den Spielern zu besprechen.

Gnadenloses Auswechseln nach einem oder zwei Fehlern wird zwar nicht immer möglich sein, aber gerade in einem Freundschaftsspiel kann man „die Macht des Trainers" deutlich zeigen.
Fehler im Spiel müssen im Team-Time-out oder in der Halbzeit besprochen werden. Sehr hilfreich ist es, diese Dinge zu Beginn des nächsten Trainings gezielt aufzugreifen und dann mit entsprechenden Übungseinheiten erfolgreich aufzuarbeiten. Die Spieler wollen es ja besser machen und brauchen entsprechend hilfreiche Erklärungen bzw. Übungen. Wenn aber manche Dinge schon trainiert wurden, dann darf man auch daran erinnern! Dabei sollte ein Trainer niemals persönlich beleidigend werden,

sondern die Kritik muss eine sachliche Verankerung haben, welche natürlich Erwähnung findet.

Die stärksten Spieler bekommen selbstverständlich ein Lob für die beste Leistung. Sie braucht man nur ganz selten zu rügen, denn bei ihnen kommen Hinweise und Hilfestellungen in der Regel super an.

Übrigens: Einen schwachen jungen Handballer fertigzumachen, bringt gar nichts. Er kann es ja mit seinen jetzigen körperlichen und geistigen Fähigkeiten kaum besser machen. Vom talentiertesten Spieler jedoch kann ich viel mehr verlangen und das sollte ich auch tun.

Es ist dabei klarzumachen, dass ein guter Trainer nie ganz zufrieden sein darf, sondern seine Spieler immer weiterbringen möchte und daher nicht nur voll des Lobes sein kann. Der Coach wird sich daher manchmal unbeliebt machen. Aber im persönlichen Gespräch sollte vermittelt werden, was in diesem Altersabschnitt erreicht werden kann, dann wird vieles zum Ansporn.

Medienverzeichnis

1. Matthias Kalle, „Immer schön böse", in: DIE ZEIT, Nr. 39 (16.09.2004), S. 68.
2. Sven A. Sölveborn, „Stretching", München 1983.
3. Peter Feddern, „3:2:1-Abwehr mit Libero", handballtraining spezial (Oktober 2004), Münster 2004.
4. Erwin Singer, „Spielschule Hallenhandball", CD-Verlagsgesellschaft, Stuttgart 1978.
5. Erwin Singer, „Hallen-Handball", Queck-Verlag, Stuttgart 1972 (diverse Auflagen).
6. Horst Bredemeier, Dietrich Späte, Renate Schubert, Klaus Roth, „Handball-Handbuch 2 – Grundlagentraining für Kinder und Jugendliche"; hrsg. vom Deutschen Handballbund, Philippka-Sportverlag, Münster 1990.
7. Renate Schubert, Dietrich Späte, „Handball-Handbuch 1 – Kinderhandball: Spaß von Anfang an", hrsg. vom Deutschen Handballbund, Philippka-Sportverlag, Münster 1998.
8. Paul Klingen, „Trainieren und Lernen im Sport" (Empfehlungen und Tipps für eine erfolgreiche Lehrpraxis), Sport und Buch Strauß, Köln 2003.
9. Jim Deacove, „Spiele ohne Tränen", DOKU-Verlag, Ettlingen, 1981.
10. Ulrich Vohland, „Neue Spiele für draußen und drinnen", Bund-Verlag, Köln 1988.
11. SÜDKURIER, 21.03.2006, „Geheime Ängste", S. 14 und SÜDKURIER, 21.03.2006, „Nur noch zehn Jahre", S. 14 (Klaus Hurrelmann und Manfred Döpfner).
12. Walter Bühler, „Soziale Kontrolle im Sport – Entscheidungsstrukturen bei Handballschiedsrichtern", in: Klaus Cachay / Gunnar Drexel / Elk Franke (Hrsg.), „Ethik im Sportspiel" (dvs-Protokolle Nr. 43), Clausthal-Zellerfeld 1990, S. 71 – 95.
13. Hiltrud Klein / Hans Joachim Müller (Hrsg.),

„Aufwärmprogramme, Bewegungsschulung mit Musik, neue Spiele", (Beiträge zur Trainings- u. Wettkampfentwicklung im Hallenhandball Bd. 36), Mandelbachtal 1985.

14.   Joachim Matschoß / Hans-Joachim Blietz, „Aufwärmen – Wurftraining", (Handball-Übungssammlung für die Praxis Bd. 1), Hamburg 1987.

15.   Bernd Frunzke / Joachim Matschoß, „Lernkarten für das Handballspiel; Schlagwurf – Sprungwurf – Fallwurf", Saarbrücken 1983 (Beiträge zur Trainings- u. Wettkampfentwicklung im Hallenhandball Bd. 27 und 27B).

16.   Andreas Thiel / Stefan Hecker, „Halten wie wir" (Ein Lehrbuch für Torwarte und ihre Trainer), Münster 1989.

17.   Lucy Reading-Ikkanda, nach: Jochen Musch und Roy Hay, „The Relative Age Effect In Soccer", in: Sociology of Sport Journal, Bd. 16, 1999. Siehe Philip E. Ross (Spektrum der Wissenschaft, Januar 2007, S. 42).

18.   Dagmar Lühnenschloß & Bernd Dierks, „Bewegungskompetenzen Schnelligkeit", Schorndorf 2005.

19.   Nicol Ljubic, „Manchmal steht er im Abseits", in: chrismon (Das evangelische Magazin), 02/2008, S. 42 – 46.

20.   Richard Traunmüller, „Schüler in Vereinen haben die besseren Noten", SÜDKURIER, 16.10.2008, S.19.

21.   Klaus Feldmann, „Trainingsbausteine für die E-Jugend" (DVD), Philippka-Sportverlag. DVDs in Form der Trainingsbausteine gibt es auch für die D-, C- und B-Jugend.

22.   Armin Emrich, „Spielend Handball lernen in Schule und Verein", Limpert-Verlag, Wiebelsheim 2007 (5. Auflage).

23.   Bundesamt für Sport Magglingen, „I+S-Trainingshandbuch Handball", Magglingen 2002.

24.   Dirk Mimberg, „Ganzheitliches Training auf kleinstem Raum", S. 54 – 62, in: handballtraining JUNIOR, Nr. 04/2012.

25.   Charlotte Frank, „Die Wut zum Leben", in: SÜDDEUTSCHE ZEITUNG, 4. Dezember 2012, S. 10.

26.   Guido Bohsem, „Die Zappelphilipp-Bilanz", in SÜDDEUTSCHE ZEITUNG, 30. Januar 2013, S. 6.

27.   Thomas Hammerschmidt, „Vieles ist gut – manches geht besser!" S. 22 – 31, in: handballtraining Heft 4 / 2011.

28. Klaus Feldmann, „So trainieren die kleinen Balljäger Teil 3", in: handballtraining 9/2000, S. 17 ff. Vgl. auch Klaus Feldmann, „Offence is different Teil 4", in: handballtraining 11/2001, S.16 - 21 ff.

29. Christoph Kolodziej, „Erfolgreich Handball spielen", BLV Buchverlag, München 2013,(4. neu bearbeitete Auflage).

30. Richard David Precht, „Die Kunst, kein Egoist zu sein", München 2010.

Der Autor

Walter Bühler-Schilling wurde 1949 geboren. Er absolvierte ein Studium der Politikwissenschaften und Soziologie MA. Und war danach beruflich in der Politikberatung. Später war er Hausmann und in der Erwachsenenbildung (EDV, Informatik) tätig.

Er ist verheiratet und hat vier erwachsene Kinder. Walter Bühler-Schilling lebt in Konstanz am Bodensee und ist Vorsitzender eines Handballclubs.

Sportliche Erfolge: zahlreiche Meisterschaften im Kinderhandball auf Kreis- und Bezirksebene im Bodenseeraum, 3., 4. und 5. Platz bei den U-13 Schweizer Meisterschaften.

Unser Buchtipp

Walter Bühler-Schilling
Handballtraining für Kinder
Teil 2
ISBN 978-3-86196-588-6

Komplette Trainingseinheiten für die E- und D-Jugend mit Ausblick zur C-Jugend

- Berücksichtigt die Rahmentrainingskonzeption des DHB
- Komplette Trainingseinheiten über 90 Minuten
- Grafiken zu fast allen Übungen und mit pädagogischen Zusatztipps
- Jede Einheit besitzt einen eindeutigen Ausbildungsschwerpunkt
- Enthält spezielle Koordinationsübungen (Vorübungen) für das Technik-Lernen
- umfassende Zuordnung der Lernziele zu den jeweiligen Altersabschnitten
- taktische Tipps für Anfänger-Mannschaften.

Ferienwohnung Drachennest

Feldkirch / Österreich

Ländlich idyllisch und dennoch stadtnah zentral in Feldkirch-Tosters gelegen, nur einen Steinwurf entfernt von der Schweizer und Liechtensteiner Grenze, finden Sie unsere Ferienwohnung Drachennest, den idealen Rückzugsort vom Alltag. Genießen Sie unsere wunderschöne Ferienregion Vorarlberg in Österreich abseits der Hektik der großen Touristikgebiete.

Brechen Sie zu einmaligen Wanderungen und Radtouren auf – entlang des Rheins zum Bodensee oder entlang der Ill mitten hinein in die Berglandschaft des Ländles. Gut ausgebaute Radwege ermöglichen ein stressfreies Radeln, auch für wenig trainierte Radfahrer, da es auf diesen Wegen nur sehr leichte Steigungen gibt.

Starten Sie die schönsten Motorradtouren in die Alpen direkt vor unserer Haustür. Gerne geben wir Ihnen Tipps für tolle Tagestouren, da wir selbst begeisterte Motorradfahrer sind.

Skifahren? Kein Problem? Erreichen Sie die schönsten Skigebiete Vorarlbergs bequem mit öffentlichen Verkehrsmitteln oder mit Ihrem eigenen Fahrzeug.

Gerne begrüßen wir Sie gemeinsam mit Ihrem Haustier in unserer schönen Ferienwohnung in Feldkirch-Tosters. Und sollten Sie an einem Buch schreiben, so stehen wir Ihnen auf Anfrage gerne hilfreich zur Seite.

Information und Buchung:

www.drachennest.at

www.ingramcontent.com/pod-product-compliance
Lightning Source LLC
LaVergne TN
LVHW011012200726
843509LV00011B/1068